바른 문장 워크북

주어와 서술어 호응 편

문장

Learning & Growth

Learning & Growth

목차

당신은 어떤 문장을 쓰고 있나요?

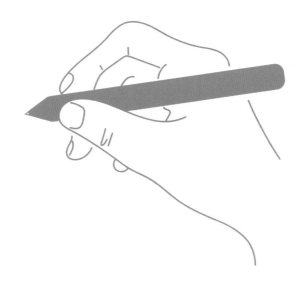

1장

바른 문장 쓰기란?

바른 문장 쓰기란?

바른 문장 워크북에서 전달하려는 것은 '문장은 한 번 읽고 내용을 쉽게 이해할 수 있게 써야 한다.' 입니다. 그렇기 때문에 "한글의 9품사 '명사, 대명사, 수사, 동사, 형용사, 관형사, 부사, 감탄사, 조사'를 샅샅이 분석하여 바른 글을 쓴다"라는 개념보다, 한글 문장 성분을 구분하여 '각 문장 성분들이 제 위치에 있는지', '서로 잘 호응하는지', '맥락을 잘 파악하면서 문장을 이루고 있는지' 등을 고려하는 것에 더욱 가깝습니다.

문장 성분 요소를 가지고 바른 한글 쓰기를 진행한다고 해서, 한글 9품사를 배제한다는 뜻은 아닙니다. 경우에 따라 문장 성분을 설명할 때 품사의 개념이 필요하기 때문이죠.

'새 책을 사느라고 돈을 들이는 것은 결코 손해가 아니다.'라는 문장을 예시로 설명하겠습니다.

이 문장을 문장 성분으로 들여다보면, 주어 **'~것은'**, 보어 **'손해가'**, 서술어 **'아니다'**, 부사어 **'결코'**로 볼 수 있습니다.

문장 성분			
주 성분	주어	'새 책을 사느라고 돈을 들이는 것은'
	목적어	
	보어	'손해가'
	서술어	'아니다'
부속 성분	관형어	
	부사어	'결코'
독립 성분	독립어	

9품사 중심으로 들여다보면 어떨까요? 명사 '책/돈/손해', 대명사 '것', 동사 '사다/들이다', 형용사 '아니다', 관형사 '새', 부사 '결코/느라고*', 조사 '을/은/는/가'로 볼 수 있죠.

품사								
체언			용언		수식언		독립언	관계언
명사	대명사	수사	동사	형용사	관형사	부사	감탄사	조사
책	것		사다	아니다	새	결코		을
돈			들이다			느라고*		은
손해								는
								가

이처럼 '새 책을 사느라고 돈을 들이는 것은 결코 손해가 아니다.'라는 문장을 살펴볼 때 문장성분과 품사가 연관되있음을 알 수 있습니다.

따라서 바른 문장 워크북은 문장 성분을 중심으로 내용을 전개하지만, 필요에 따라 품사의 개념을 활용한다는 점을 염두하고 워크북을 활용하면 됩니다.

문장 성분 \ 품사		체언			용언		수식언		독립언	관계언
		명사	대명사	수사	동사	형용사	관형사	부사	감탄사	조사
주 성분	주어		것							(것)은
	목적어	책, 돈								(책)을, (돈)을
	보어	손해								(손해)가
	서술어				사다, 들이다	아니다		(사다)느라고*		(들이)는
부속성분	관형어						새			
	부사어							결코		
독립성분	독립어									

*Note: '*느라고'는 연결어미로써 '어미'는 품사로 보지 않습니다. 원활한 설명을 위해 '그리고/그런데'와 같은 접속 부사로 분류했습니다.*

왜 바른 문장을 써야 할까요?

2장

바른 문장 쓰기가 중요한 이유

바른 문장 쓰기가 중요한 이유

바른 문장 쓰는 것이 중요한 이유는 10개도 넘지만 회사 리더들이 호소하는 것을 3가지만 짚어보면 다음과 같습니다. 시간 절약, 오해 방지, 문서 품격.

- 시간 절약

"정직을 소신으로 삼은 이유는 인생을 살면서 매 순간마다 정확한 판단을 할 수 없을지언정, 나 자신에게 부끄럽지 않게 살고 싶은데 솔직하게 지내기엔 어려운 것 같아요"

2번 이상 읽었다면, 이 문장은 당신의 시간을 허비한 것입니다.

"정직을 소신으로 삼은 이유는, 인생을 살면서 매 순간 정확한 판단을 할 수 없더라도 나 자신에게 부끄럽지 않고 싶어서에요. 그런데 솔직하게 지내기엔 어려운 것 같아요"

- 오해 방지

"원활한 소통은 오해가 없어야 하고 그리고 자주 하는 것도 필요한 것 같아요."

대충 맥락 파악은 할 수 있으나 누구와 누구의 오해가 없어야 하는지, 자주 하는 것은 얼마나 자주 해야 하는지 등 오해할 여지가 있습니다.

"원활한 소통은 대화 당사자간 오해가 없어야 하고, 일이 끝나기 전에 중간소통을 1회 이상 하는 등 자주 하는 것도 필요한 것 같아요."

- 문서 품격

"피해 입은 고객에게 진심으로 말해주고 공감해주어 힘을 주는 것이 필요합니다."

고객을 위해 무엇인가 해야한다는 의미 파악은 되지만, 적절한 단어 사용을 안 했거나 생략된 내용이 있기 때문에 자연스럽지 못합니다.

"진심으로 피해 입은 고객을 위로하고 심란한 마음에 공감하는 것이 필요합니다."

평소 대화할 때는 앞뒤 맥락을 알고 있으니 생략해도 괜찮은 문장성분이 비즈니스 문서에선 그렇지 않은 경우가 많습니다. 그래서 고민 없이 글을 쓰면, 독자가 글을 이해하는데 시간이 더 걸립니다. 한 번 읽어서 내용 파악이 안 되기 때문에 다시 한 번 읽으면서 작성자가 전달하려고 한 메시지가 무엇인지도 해석해야 하기 때문입니다.

독자 입장에서 한 두 문장은 넘어갈 수 있는데, 이게 반복되면 글 쓴 사람의 기본 한글 작성 능력에 대한 신뢰도가 떨어지게 됩니다. 그래서 바른 문장 쓰기를 의식적으로 연습하는 것은 독자를 위해 필요하기도 하지만, 나를 위해서도 필요합니다.

3장

바른 문장 쓰기 연습

주어와 서술어 호응 편은?

무엇을 덮지 말라는 걸까?

위 사진은 회사 화장실에서 우연히 발견한 라디에이터 상단에 적힌 문구입니다. '사용 중 제품을 절대 덮지 마시오' 이 문구가 무엇을 말하려고 하는지 대충 짐작은 갑니다. "라디에이터가 가동될 땐 뜨거우니 위에 뭘 올리지 말라는 거구나"라고요. 하지만 단순히 문장만 봤을 땐 '제품이 말하는 건 라디에이터인지?', '아니면 다른 제품인지', '라디에이터는 고정된 무거운 물건인데 이걸 어디에 덮지 말라는건지?' 등 인지부조화가 발생합니다.

인지부조화가 발생한 이유는 단순합니다. 주어가 생략되었기 때문이죠. 주어를 제대로 사용하지 못하는 여러 이유 중 하난 우리가 평소에 구어체를 사용하고, 메신저, 인터넷에서도 단순하고 빠르게 쓸 수 있는 문장에 익숙해져 있기 때문입니다.

즉, 우리는 일상 속에서 메신저를 주고 받거나, 친구와 편하게 이야기할 땐, 주어나 서술어를 생략할 때가 많습니다. 가령 "밥 먹었어?"라는 말을 "너는 밥 먹었어?"라고 말하는 경우는 많지 않습니다.

하지만 글로 명확한 의사를 표현하기 위해선 주어의 역할이 중요합니다. 특히 비즈니스 문서에선 더욱 그렇습니다. 고객사에 메일을 보낼 때, 보고서를 작성할 때, 간단한 메모를 남길 때 등 주어가 생략되면 읽는 사람은 단번에 이해하기 힘들어집니다.

그래서 이번 '바른 문장 워크북_주어와 서술어 호응 편'에선 문장 속 주어의 역할을 제대로 파악할 수 있도록 구성했습니다.

각 챕터는 흥미로운 인트로 글로 시작하고 어렵지 않게 문제를 구성했으니, 부디 가벼운 마음으로 완독하시길 추천합니다.

들어가기 전에…

'주어'는 어떤 모습으로 문장에서 사용될까?

얼핏 알기로 주어는 '은/는/이/가'가 붙고, 경우에 따라서 사람이 아닌 단체나 동물도 주어가 된다고 알고 있습니다. 방금 말한 '경우에 따라서'에서 말하는 경우는 어떤 상황을 말하는 걸까요?

다음 4가지 상황을 보며 다양한 모습으로 사용되는 '주어의 모양(주격 조사)'을 살펴보겠습니다.

1. '이/가'

체언* 구실을 하는 말 뒤에 붙어 주어의 자격을 가지게 하는 역할을 합니다.

보통 '누가'에 집중하는 경우에 사용합니다.

예시 문장) "달이 진다.", "구경꾼이 많다."

2. '은/는'

어떤 대상이 다른 것과 대조됨을 나타내거나, 강조할 때 등 보조 역할을 합니다.

그래서 '행위'에 집중할 때 사용되곤 합니다.

예시 문장) "그는 생각했다.", "나는 출근했지만, 그는 퇴근했다."

3. '~께서'

'이/가'의 높임말이며, 체언을 높여 표현하는 역할입니다.

예시 문장) "할아버지께선 우리에게 희망을 주셨다."

Note: 체언* – 명사/대명사/수사의 총칭, 곧 주체로 쓰인다는 뜻으로 사용됨

4. '~에서/~에'

체언이 단체나 조직을 나타낼 때 뒤에 붙어 주어의 역할을
하게 합니다.

예시 문장) "정부에서 진행한 행사는 성황리에 끝났다."

한 번에 이해할 수 있는 문장을 작성하려면, 독자가 문장을 읽
을 때 어색하지 않아야 합니다. 이를 위해선 주어를 올바르게
표현해야 하고, 주어와 서술어를 적확하게 호응시켜야 합니다.

지금부터 주어와 서술어 호응 연습을 시작하겠습니다.

1

주어를 너무
생략하는 경우

이유 없는 주어 생략은 김과장을 피곤하게 해요.

나신입

퇴근 시간이 넘었는데, 우리팀이
오늘 할 일을 마무리하지 못했네...
일단 김과장 님에게
메일을 보내자

받는 사람	김과장
참조	
제목	나신입팀, 202X년 X월 X일 업무 메일

⋮

느낀점
작업을 **마무리 하지는 못했습니다. 어려운 부분이
이해가 안간** 것과 **미팅 때 말했던 주제**에 대한
이해가 부족했던 점의 영향이 컸던 것 같습니다.

보내기

누가 마무리하지 못 한거지?
어려운 부분은 어떤 부분이지?
누가 미팅 때 어떤 말을 했지?
피곤하다 피곤해...

김과장

1. 주어를 너무 생략하는 경우

18

STEP 1. 주어가 있나, 없나?

문제 1 주어가 생략되어 의미 전달이 잘 안 되는 문장은?

① 당신과 진솔한 이야기를 나누고 싶어한다.

② 나는 널 사랑해.

③ 나도 널 사랑해.

④ 이과장님 언제 퇴근할 거에요?

문제 2 주어가 생략되어 의미 전달이 잘 안 되는 문장은?

① 가재는 게 편이다.

② 사공이 많으면 배가 산으로 올라간다.

③ 용감한 자를 사랑한다.

④ 인간은 만물의 척도이다.

1. 주어를 너무 생략하는 경우

문제 1 주어가 생략되어 의미 전달이 잘 안 되는 문장은?

✅① 당신과 진솔한 이야기를 나누고 싶어한다.

② 나는 널 사랑해.

③ 나도 널 사랑해.

④ 이과장님 언제 퇴근할 거에요?

가이드 답안: 그는 당신과 진솔한 이야기를 나누고 싶다.

문제 2 주어가 생략되어 의미 전달이 잘 안 되는 문장은?

① 가재는 게 편이다.

② 사공이 많으면 배가 산으로 올라간다.

✅③ 용감한 자를 사랑한다.

④ 인간은 만물의 척도이다.

가이드 답안: 운명은 용감한 자를 사랑한다.

1. 주어를 너무 생략하는 경우

STEP 1. 주어가 있나, 없나?

문제 3 주어가 생략되어 의미 전달이 잘 안 되는 문장은?

① 정부는 생애 첫 주택 구입자에게 취득세를 깎아준다.

② 그 나라의 경기 침체는 예견할 수 있었다.

③ 눈 하나 깜박이지 않고 그 일을 진행했다.

④ 미국 내 휘발유 가격은 갤런당 5달러를 돌파했다.

문제 4 주어가 생략되어 의미 전달이 잘 안 되는 문장은?

① 전략적 의사결정을 잘하기 위해선 확산적 사고가 중요하다.

② 이메일 잘 쓰는 방법은 상대를 배려하는 마음에서 시작된다.

③ 업무 역량 향상을 위한 최고의 방법은 독서이다.

④ 고객의 Pain point로부터 시작해 제품을 개발한다.

1. 주어를 너무 생략하는 경우

문제 3 주어가 생략되어 의미 전달이 잘 안 되는 문장은?

① 정부는 생애 첫 주택 구입자에게 취득세를 깎아준다.

② 그 나라의 경기 침체는 예견할 수 있었다.

☑ 눈 하나 깜박이지 않고 그 일을 진행했다.

④ 미국 내 휘발유 가격은 갤런당 5달러를 돌파했다.

가이드 답안: 철수는 눈 하나 깜박이지 않고 그 일을 진행했다.

문제 4 주어가 생략되어 의미 전달이 잘 안 되는 문장은?

① 전략적 의사결정을 잘하기 위해선 확산적 사고가 중요하다.

② 이메일 잘 쓰는 방법은 상대를 배려하는 마음에서 시작된다.

③ 업무 역량 향상을 위한 최고의 방법은 독서이다.

☑ 고객의 Pain point로부터 시작해 제품을 개발한다.

가이드 답안: Working Backward는
고객의 Pain point로 부터 시작해 제품을 개발한다.

1. 주어를 너무 생략하는 경우

STEP 1. 주어가 있나, 없나?

문제 5 주어가 생략되어 의미 전달이 잘 안 되는 문장은?

① 우리는 가설을 검증하기 위해 고객 설문을 진행합니다.

② 고객 가치를 고려하는 것이 중요합니다.

③ 검증된 가설은 추가 자료로 사용해도 문제 없습니다.

④ 결론부터 말하자면, 그 질문의 답은 YES입니다.

문제 6 주어가 생략되어 의미 전달이 잘 안 되는 문장은?

① 두 번 읽게 하지 않도록 문장을 써야 합니다.

② 참가자는 민감한 내용을 되도록이면 쓰지 마세요.

③ 제목은 호기심을 자극하는 글귀로 작성합니다.

④ 글의 전체 내용은 일관성 있게 작성합니다.

1. 주어를 너무 생략하는 경우

STEP 1. 주어가 있나, 없나?

문제 5 주어가 생략되어 의미 전달이 잘 안 되는 문장은?

① 우리는 가설을 검증하기 위해 고객 설문을 진행합니다.

 고객 가치를 고려하는 것이 중요합니다.

③ 검증된 가설은 추가 자료로 사용해도 문제 없습니다.

④ 결론부터 말하자면, 그 질문의 답은 YES입니다.

가이드 답안: 신사업 추진은 고객 가치를 고려하는 것이 중요합니다.

문제 6 주어가 생략되어 의미 전달이 잘 안 되는 문장은?

① 두 번 읽게 하지 않도록 문장을 써야 합니다.

② 참가자는 민감한 내용을 되도록이면 쓰지 마세요.

③ 제목은 호기심을 자극하는 글귀로 작성합니다.

④ 글의 전체 내용은 일관성 있게 작성합니다.

가이드 답안: 우리는 독자가 두 번 읽지 않도록 문장을 써야 합니다.

1. 주어를 너무 생략하는 경우

STEP 1. 주어가 있나, 없나?

문제 7 주어가 생략되어 의미 전달이 잘 안 되는 문장은?

① 우리가 직접 만든 화장품이 수출되고 있다.

② 부잣집 딸과 사랑에 빠졌다.

③ 해바라기 그림은 돈을 불러온다는 속설이 있다.

④ 비상벨이 울리자 모든 사람들은 패닉에 빠졌다.

문제 8 주어가 생략되어 의미 전달이 잘 안 되는 문장은?

① 변기에 물티슈를 버리지 않는다.

② 하루에 책 1권 읽기는 나에게 너무나 힘든 일이다.

③ 공책에 물을 쏟아 필기한 내용이 번졌다.

④ 자연을 지배하기도 하고 자연에 복종하기도 한다.

1. 주어를 너무 생략하는 경우

문제 7 주어가 생략되어 의미 전달이 잘 안 되는 문장은?

① 우리가 직접 만든 화장품이 수출되고 있다.

☑ 부잣집 딸과 사랑에 빠졌다.

③ 해바라기 그림은 돈을 불러온다는 속설이 있다.

④ 비상벨이 울리자 모든 사람들은 패닉에 빠졌다.

가이드 답안: 나는 부잣집 딸과 사랑에 빠졌다.

문제 8 주어가 생략되어 의미 전달이 잘 안 되는 문장은?

① 변기에 물티슈를 버리지 않는다.

② 하루에 책 1권 읽기는 나에게 너무나 힘든 일이다.

③ 공책에 물을 쏟아 필기한 내용이 번졌다.

☑ 자연을 지배하기도 하고 자연에 복종하기도 한다.

가이드 답안: 인간은 자연을 지배하기도 하고
자연에 복종하기도 한다.

1. 주어를 너무 생략하는 경우

STEP 1. 주어가 있나, 없나?

문제 9 주어가 생략되어 의미 전달이 잘 안 되는 문장은?

① 항공 업계에선 소비자가 서비스의 품질을 직접 체험하는 사례들이 아주 많다.

② 브랜드 아이덴티티는 브랜드 구축 프로그램의 개발과 평가를 통해 실행된다.

③ 기업 브랜드는 생산 제품들의 품질, 고객 서비스 수준과 관계가 깊다.

④ 만질 수도 없고 따라서 맞서 싸우기도 어렵기 때문에 강력한 힘을 지니게 된다.

문제 10 주어가 생략되어 의미 전달이 잘 안 되는 문장은?

① 경사로를 만들어 장애인 편의를 향상시켰다.

② SCAMPER를 알고 있어도 적용할 때 어려운 이유 중 하나는 적절한 질문을 잘 하지 못해서 입니다.

③ 신데렐라와 새언니의 성격을 바뀌게 한다면 재미있을 거야.

④ 지원자의 이력서를 데이터화 한 후 AI가 채용하게 하자.

1. 주어를 너무 생략하는 경우

STEP 1. 주어가 있나, 없나?

문제 9 주어가 생략되어 의미 전달이 잘 안 되는 문장은?

① 항공 업계에선 소비자가 서비스의 품질을 직접 체험하는 사례들이 아주 많다.

② 브랜드 아이덴티티는 브랜드 구축 프로그램의 개발과 평가를 통해 실행된다.

③ 기업 브랜드는 생산 제품들의 품질, 고객 서비스 수준과 관계가 깊다.

✓ 만질 수도 없고 따라서 맞서 싸우기도 어렵기 때문에 강력한 힘을 지니게 된다.

가이드 답안: 부정적 소문은 만질 수도 없고 따라서 맞서 싸우기도 어렵기 때문에 강력한 힘을 지니게 된다.

문제 10 주어가 생략되어 의미 전달이 잘 안 되는 문장은?

✓ 경사로를 만들어 장애인 편의를 향상시켰다.

② SCAMPER를 알고 있어도 적용할 때 어려운 이유 중 하나는 적절한 질문을 잘 하지 못해서 입니다.

③ 신데렐라와 새언니의 성격을 바뀌게 한다면 재미있을 거야.

④ 지원자의 이력서를 데이터화 한 후 AI가 채용하게 하자.

가이드 답안: 정부는 경사로를 만들어 장애인 편의를 향상시켰다.

1. 주어를 너무 생략하는 경우

STEP 2. 상황 파악하며 주어 이해하기

문제 11 다음 대화의 문제점을 정확히 지적한 사람은?

> 김연우: 어제 보낸 메시지 확인했어?
>
> 박선진: 응? 무슨 메시지?
>
> 김연우: 아니 너는 맨날 카톡이나, 문자는 잘 안 보더라?
>
> 박선진: 무슨 말을 하고 싶은거야? 누가, 어떤
> 내용으로 보낸 문자메시지를 말하는 건데?
>
> 김연우: 지금 화내는 거야?
>
> 박선진: 아니 화 안났어. 천천히 설명 좀 해줘
>
> 김연우: 아니 지금 화내고 있잖아.
>
> 박선진: 후...
>
> 김연우: 이것봐 한숨이나 쉬고. 됐어 나 집갈래.

① 예원: 연우가 '누가 보낸 문자메시지인지' 설명만 했어도, 선진이는 쉽게 이해할 수 있었을거야. 즉 연우 말엔 주어가 없어.

② 종철: 김연우가 민감하게 반응하는 걸 보니 박선진이 평소에 김연우에게 잘못했나봐.

③ 은호 김연우가 배고파서 민감했네. 일단 밥을 먹고 다시 대화를 해야 돼.

④ 조성: 빨리 헤어지는 게 김연우, 박선진의 정신건강에 좋아 보여.

1. 주어를 너무 생략하는 경우

문제 11 다음 대화의 문제점을 정확히 지적한 사람은?

> 김연우: 어제 보낸 메시지 확인했어?
>
> 박선진: 응? 무슨 메시지?
>
> 김연우: 아니 너는 맨날 카톡이나, 문자는 잘 안 보더라?
>
> 박선진: 무슨 말을 하고 싶은거야? 누가, 어떤
> 내용으로 보낸 문자메시지를 말하는 건데?
>
> 김연우: 지금 화내는 거야?
>
> 박선진: 아니 화 안났어. 천천히 설명 좀 해줘
>
> 김연우: 아니 지금 화내고 있잖아.
>
> 박선진: 후...
>
> 김연우: 이것봐 한숨이나 쉬고. 됐어 나 집갈래.

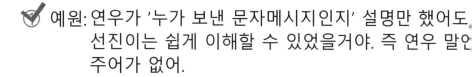 예원:연우가 '누가 보낸 문자메시지인지' 설명만 했어도, 선진이는 쉽게 이해할 수 있었을거야. 즉 연우 말엔 주어가 없어.

② 종철:김연우가 민감하게 반응하는 걸 보니 박선진이 평소에 김연우에게 잘못했나봐.

③ 은호 김연우가 배고파서 민감했네. 일단 밥을 먹고 다시 대화를 해야 돼.

④ 조성:빨리 헤어지는 게 김연우, 박선진의 정신건강에 좋아 보여.

1. 주어를 너무 생략하는 경우

글 쓸 때 조금만 신경 쓰면 문장이 확 달라지는 꿀팁 1
구어체와 문어체 구분하기

우리는 작성하는 글의 성격이나 목적에 따라 '구어체'로 쓸 것인지, '문어체'로 쓸 것인지 결정합니다.

구어체는 일상적인 대화 내용을 글로 옮겨 적은 문장으로 소설이나 시 같은 문학 작품에서 주로 사용합니다.

반대로 **문어체는** 직장에서 많이 활용되는 글로 공식적인 보고서나 메일 등을 작성할 때 사용하죠.

구어체 문어체 예시

구어체	문어체
어제 신문에서 그 소식을 봤어요. 요즘 20대, 30대가 통풍에 잘 걸린데요. 인스턴트 음식이나 과음 등 식습관 변화로 몸 속에 요산이 많아져 그렇대요.	20xx년 x월 xx일보 기사에 따르면 20~30대 통풍 환자가 증가했다고 합니다. 이는 인스턴트 음식 섭취 증가, 과도한 음주 등 식습관 변화로 요산 수치가 증가해 나타나는 현상이라 합니다.

지금 내가 작성하는 글의 목적은 무엇일까?
단순한 일기인가? 비즈니스 글인가?

내 글은 구어체와 어울릴까?
문어체가 어울릴까?

어울리는 주어와 어울리지 않는 주어?

2

어울리지 않는 주어를 사용하는 경우

어울리는 주어가 있고, 어울리지 않는 주어가 있다?

나 신입 님!
문장마다 어울리는 주어를
사용해야 바른 문장이에요.
어울리지 않는 주어는 대표적으로
어떤 것이 있을까요?

김과장

나신입

대표적으로 조사 '은/는/이/가'를
제대로 사용하지 못하면,
어울리지 않는 문장이 되요.

네 맞아요. 그 외에도 구어체와
문어체를 구분하지 못하거나,
문장의 앞뒤 내용과
어울리지 않는 경우도 있어요
이런 경우들을 모두 살펴볼까요?

김과장

2. 어울리지 않는 주어를 사용하는 경우

STEP 1. 어울리는 주어 찾기

문제 1 보기 속 물음표 박스에 어울리는 주어는?

보기

[?]이대 나온 여자야

① 나

② 너의

③ 내

④ 나의

문제 2 보기 속 물음표 박스에 어울리는 주어는?

보기

어찌, [?]왕이 될 상인가?

① 저의

② 나

③ 내가

④ 저는

2. 어울리지 않는 주어를 사용하는 경우

문제 1 보기 속 물음표 박스에 어울리는 주어는?

> **보기**
>
> 이대 나온 여자야

✔ 나

② 너의

③ 내

④ 나의

문제 2 보기 속 물음표 박스에 어울리는 주어는?

> **보기**
>
> 어찌, ⌐?⌐ 왕이 될 상인가?

① 저의

② 나

✔ 내가

④ 저는

2. 어울리지 않는 주어를 사용하는 경우

STEP 1. 어울리는 주어 찾기

문제 3 보기 속 물음표 박스에 어울리는 주어는?

> **보기**
>
> [?] 돈이 없지, 자존심이 없어?

① 우리의

② 우리에

③ 우리로서

④ 우리가

문제 4 보기 속 물음표 박스에 어울리는 주어는?

> **보기**
>
> 영감님의 영광의 시대는 언제였죠?
> [?] 지금입니다.

① 전

② 저와

③ 저라고

④ 저에게로

2. 어울리지 않는 주어를 사용하는 경우

STEP 1. 어울리는 주어 찾기

문제 3 보기 속 물음표 박스에 어울리는 주어는?

보기

 돈이 없지, 자존심이 없어?

① 우리의

② 우리에

③ 우리로서

✔ 우리가

문제 4 보기 속 물음표 박스에 어울리는 주어는?

보기

영감님의 영광의 시대는 언제였죠?
지금입니다.

✔ 전

② 저와

③ 저라고

④ 저에게로

2. 어울리지 않는 주어를 사용하는 경우

STEP 1. 어울리는 주어 찾기

문제 5 보기 속 물음표 박스에 어울리는 주어는?

용서처럼 완전한 [?] 없다.

① 복수이시여

② 복수만

③ 복수는

④ 복수께서

문제 6 보기 속 물음표 박스에 어울리는 주어는?

[?] 내일의 태양이 뜬다.

① 내일을

② 내일은

③ 내일만

④ 내일로

2. 어울리지 않는 주어를 사용하는 경우

문제 5 보기 속 물음표 박스에 어울리는 주어는?

보기

용서처럼 완전한[_ ? _]없다.

① 복수이시여

② 복수만

✔ 복수는

④ 복수께서

문제 6 보기 속 물음표 박스에 어울리는 주어는?

보기

[_ ? _]내일의 태양이 뜬다.

① 내일을

✔ 내일은

③ 내일만

④ 내일로

2. 어울리지 않는 주어를 사용하는 경우

STEP 1. 어울리는 주어 찾기

문제 7 보기 속 물음표 박스에 어울리는 주어는?

보기

[_ ? _]똑바로 읽어도 거꾸로 읽어도 우영우입니다.

① 돌고래는

② 사람은

③ 제 이름은

④ 푸들은

문제 8 보기 속 물음표 박스에 어울리는 주어는?

보기

[_ ? _]밝고, 따뜻하고, 착하고, 다정한 사람이야.
'봄날의 햇살' 최수연이야"

① 너는

② 권모술수는

③ 우당탕탕은

④ 대왕 돌고래는

2. 어울리지 않는 주어를 사용하는 경우

STEP 1. 어울리는 주어 찾기

문제 7 보기 속 물음표 박스에 어울리는 주어는?

보기

[_ ? _]똑바로 읽어도 거꾸로 읽어도 우영우입니다.

① 돌고래는

② 사람은

✅ 제 이름은

④ 푸들은

문제 8 보기 속 물음표 박스에 어울리는 주어는?

보기

[_?_]밝고, 따뜻하고, 착하고, 다정한 사람이야.
'봄날의 햇살' 최수연이야"

✅ 너는

② 권모술수는

③ 우당탕탕은

④ 대왕 돌고래는

2. 어울리지 않는 주어를 사용하는 경우

STEP 1. 어울리는 주어 찾기

문제 9 보기 속 물음표 박스에 어울리는 주어는?

보기

[?]니 시다바리가?

① 물병이

② 책이

③ 고마해라

④ 내가

문제 10 보기 속 물음표 박스에 어울리는 주어는?

보기

아들아, [?] 계획이 다 있구나.

① 너는

② 당신은

③ 기업 고객은

④ 부잣집이

2. 어울리지 않는 주어를 사용하는 경우

문제 9 보기 속 물음표 박스에 어울리는 주어는?

보기

니 시다바리가?

① 물병이

② 책이

③ 고마해라

✓ ④ 내가

문제 10 보기 속 물음표 박스에 어울리는 주어는?

보기

아들아, 계획이 다 있구나.

✓ ① 너는

② 당신은

③ 기업 고객은

④ 부잣집이

2. 어울리지 않는 주어를 사용하는 경우

STEP 1. 어울리는 주어 찾기 (속담 맞추기)

문제 11 보기 속 물음표 박스에 어울리는 주어는?

보기

┌─────────┐
│   ?   │떡 하나 더 준다.
└─────────┘

① 식성 좋은 아이

② 미운 아이

③ 다 큰 아이

④ 돈 잘 버는 아이

문제 12 보기 속 물음표 박스에 어울리는 주어는?

보기

┌─────────┐
│   ?   │이 성낸다.
└─────────┘

① 잘 나가는 놈

② 게임 잘 하는 놈

③ 달리기가 빠른 놈

④ 방귀 뀐 놈

2. 어울리지 않는 주어를 사용하는 경우

STEP 1. 어울리는 주어 찾기 (속담 맞추기)

문제 11 보기 속 물음표 박스에 어울리는 주어는?

> **보기**
>
> [?   ]떡 하나 더 준다.

① 식성 좋은 아이

✔ 미운 아이

③ 다 큰 아이

④ 돈 잘 버는 아이

문제 12 보기 속 물음표 박스에 어울리는 주어는?

> **보기**
>
> [?   ]이 성낸다.

① 잘 나가는 놈

② 게임 잘 하는 놈

③ 달리기가 빠른 놈

✔ 방귀 뀐 놈

2. 어울리지 않는 주어를 사용하는 경우

STEP 2. 문장에 어울리지 않는 주어를 사용한 경우

문제 13 주어에 어울리지 않는 조사를 사용한 문장은?

① 난 항상 감사하는 마음을 가지고 행동한다.

② 사람마다 성격에서 다르듯이 내 성격이 다혈질이다.

③ 이번 주식투자로 난 크게 손해봤다.

④ 난 은근슬쩍 반말하는 어투를 너무나 싫어한다.

문제 14 주어에 어울리지 않는 조사를 사용한 문장은?

① 화분에 물을 주기적으로 줘야한다.

② 그 회사 직원이가 전부 친절하다.

③ 안내 업무를 하는 직원은 항상 웃고있다.

④ 둘 중 하나를 선택하는 문제는 항상 고민된다.

문제 13 주어에 어울리지 않는 조사를 사용한 문장은?

① 난 항상 감사하는 마음을 가지고 행동한다.

☑️ 사람마다 성격에서 다르듯이 내 성격이 다혈질이다.

③ 이번 주식투자로 난 크게 손해봤다.

④ 난 은근슬쩍 반말하는 어투를 너무나 싫어한다.

가이드 답안: 사람마다 성격이 다르듯이 내 성격은 다혈질이다.

문제 14 주어에 어울리지 않는 조사를 사용한 문장은?

① 화분에 물을 주기적으로 줘야한다.

☑️ 그 회사 직원이가 전부 친절하다.

③ 안내 업무를 하는 직원은 항상 웃고있다.

④ 둘 중 하나를 선택하는 문제는 항상 고민된다.

가이드 답안: 그 회사 직원들은 전부 친절하다.

STEP 2. 문장에 어울리지 않는 주어를 사용한 경우

문제 15 문장에 어울리지 않는 주어를 사용한 문장은?

① 그는 중요한 자료가 담긴 USB를 분실했다.

② 철수는 글쓰기 특강을 듣고 난 후 달라졌다.

③ 족집게로 털을 자주 뽑으면 피부 건강에 좋지 않다.

④ 제는 독서를 너무 좋아합니다.

문제 16 주어에 어울리지 않는 조사를 사용한 문장은?

① 꼼꼼한 완벽주의자는 때때로 사람을 피곤하게 한다.

② 나는 할머니에게 스마트폰을 선물했다.

③ 초반에 집중할 문제는 고객을 정의하는 것이다.

④ 우리 가족에서 네 명 있는데요. 어머니, 아버지, 누나 그리고 접니다.

문제 15 문장에 어울리지 않는 주어를 사용한 문장은?

① 그는 중요한 자료가 담긴 USB를 분실했다.

② 철수는 글쓰기 특강을 듣고 난 후 달라졌다.

③ 족집게로 털을 자주 뽑으면 피부 건강에 좋지 않다.

☑️ 제는 독서를 너무 좋아합니다.

가이드 답안: 저는 독서를 너무 좋아합니다.

문제 16 주어에 어울리지 않는 조사를 사용한 문장은?

① 꼼꼼한 완벽주의자는 때때로 사람을 피곤하게 한다.

② 나는 할머니에게 스마트폰을 선물했다.

③ 초반에 집중할 문제는 고객을 정의하는 것이다.

☑️ 우리 가족에서 네 명 있는데요. 어머니, 아버지, 누나 그리고 접니다.

가이드 답안: 우리 가족은 네 명 있는데요. 어머니, 아버지, 누나 그리고 접니다.

2. 어울리지 않는 주어를 사용하는 경우

STEP 2. 문장에 어울리지 않는 주어를 사용한 경우

문제 17 주어에 어울리지 않는 조사를 사용한 문장은?

① 마스크를 착용하고 뛰는 건 너무나 힘들다.

② 이사원 님, 5 페이지 속 오탈자 수정해주세요.

③ 팀원들은 김사원을 좋아한다. 나만 좋아한다.

④ 난 은근슬쩍 반말하는 어투를 너무나 싫어한다.

문제 18 주어에 어울리지 않는 조사를 사용한 문장은?

① 기를 쓰고 덤벼도 난 그에게 상대가 안 된다.

② 거미께서 공중에 매달려 있다.

③ 철수는 울상인 표정으로 날 바라봤다.

④ 글은 한 문장 안에 하나의 생각을 간결하게 담는 것이 좋다.

STEP 2. 문장에 어울리지 않는 주어를 사용한 경우

문제 17 주어에 어울리지 않는 조사를 사용한 문장은?

① 마스크를 착용하고 뛰는 건 너무나 힘들다.

② 이사원 님, 5 페이지 속 오탈자 수정해주세요.

✓ 팀원들은 김사원을 좋아한다. 나만 좋아한다.

④ 난 은근슬쩍 반말하는 어투를 너무나 싫어한다.

가이드 답안: 팀원들은 김사원을 좋아한다. 나도 좋아한다.

문제 18 주어에 어울리지 않는 조사를 사용한 문장은?

① 기를 쓰고 덤벼도 난 그에게 상대가 안 된다.

✓ 거미께서 공중에 매달려 있다.

③ 철수는 울상인 표정으로 날 바라봤다.

④ 글은 한 문장 안에 하나의 생각을 간결하게 담는 것이 좋다.

가이드 답안: 거미가 공중에 매달려 있다.

문제 19 '바른 문장 쓰기'에 어울리는 피드백을 한 리더는?

보기

사람이 일만 잘 하면 분위기 파악을 못할 수도 있고 '다른 동료들 기분을 언짢게 만들 수도 있지 않냐'고 생각할 수도 있습니다. 그러나 ⓐ**혼자 하는 일은** 아니고 함께 하는 일이라면 개인이 팀 전체의 일을 다 수행하기엔 어려움이 많습니다. 공리주의를 빌려오거나 정량적 분석을 하지 않더라도 한 사람이 다른 모든 동료들의 사기를 ⓑ**떨어뜨리면** 팀 전체 업무 성과가 낮아진다는 사실은 분명합니다.

-프로젝트 리더십 내용 中-

① 리더A: ⓐ문장은 '혼자 하는 일이'라고 수정해야 자연스러운 문장으로 만들 수 있어.

'은/는'은 '**주제, 대조, 강조'의 의미**를 나타낼 때 사용하거나 앞 주어가 반복될 때 사용해야 자연스러워.

맥락 상 '혼자 하는 일'이라는 단어는 처음 등장해. 그렇기 때문에 '일' 뒤엔 '**주어를 나타내거나 새로운 화제나 정보를 나타내는**' 조사 '이/가'를 사용해야 바른 문장이야.

② 리더B: ⓑ'떨어뜨리면'은 '떨어트리면'으로 수정해야 해. 저건 오탈자야.

2. 어울리지 않는 주어를 사용하는 경우

문제 19 '바른 문장 쓰기'에 어울리는 피드백을 한 리더는?

보기

사람이 일만 잘 하면 분위기 파악을 못할 수도 있고 '다른 동료들 기분을 언짢게 만들 수도 있지 않냐'고 생각할 수도 있습니다. 그러나 ⓐ**혼자 하는 일은** 아니고 함께 하는 일이라면 개인이 팀 전체의 일을 다 수행하기엔 어려움이 많습니다. 공리주의를 빌려오거나 정량적 분석을 하지 않더라도 한 사람이 다른 모든 동료들의 사기를 ⓑ**떨어뜨리면** 팀 전체 업무 성과가 낮아진다는 사실은 분명합니다.

-프로젝트 리더십 내용 中-

✅리더A: ⓐ문장은 '혼자 하는 일**이**'라고 수정해야 자연스러운 문장으로 만들 수 있어.

'은/는'은 **'주제, 대조, 강조'의 의미**를 나타낼 때 사용하거나 앞 주어가 반복될 때 사용해야 자연스러워.

맥락 상 '혼자 하는 일'이라는 단어는 처음 등장해. 그렇기 때문에 '일' 뒤엔 **'주어를 나타내거나 새로운 화제나 정보를 나타내는'** 조사 '이/가'를 사용해야 바른 문장이야.

②리더B: ⓑ'떨어뜨리면'은 '떨어트리면'으로 수정해야 해. 저건 오탈자야.

해설: 문장에 어색한 부분이 있어 한 번에 읽히지 않거나, 해석되지 않는 부분을 찾고 수정하는 것이 '바른 문장 쓰기'의 목적입니다. 물론 오탈자를 수정하는 것도 필요하지만, 우선 쉽게 이해할 수 있는 문장으로 표현하는 것이 중요합니다.

2. 어울리지 않는 주어를 사용하는 경우

글 쓸 때 조금만 신경 쓰면 문장이 확 달라지는 꿀팁 2
맞춤법 틀리지 않기

궂이 → 굳이

결재 → 결제

뵈요. → 봬요.

깨끗히 → 깨끗이

인권비 → 인건비

연애인 → 연예인

도데체 → 도대체

않 된다. → 안 된다.

어떻해? → 어떡해?

문안하다. → 무난하다.

들어나다. → 드러나다.

건들이다. → 건드리다.

희안하다. → 희한하다.

연예하다. → 연애하다.

왠일이야? → 웬일이야?

어의없다. → 어이없다.

병이 낳았다. → 병이 나았다.

않이 외 그래? → 아니 왜 그래?

55

주어는 어느 위치에 있어야 할까요?

3

주어를 엉뚱한 위치에 쓰는 경우

주어는 특별한 경우가 아니면 꼭 서술어 근처에!

나신입

김과장님 다음 3개 문장이 쉽게
읽히지 않고, 뭔가 어색한데...
문제가 뭘까요?

> 1. 나무 열 번 찍어 안 넘어가는 거 없다.
> 2. 대졸자들은 취업난을 해결하기 위해 자격증
>   공부를 한다.
> 3. 나는 회사에서 가장 친한 동료가 이직하여
>   서운했지만, 그래도 그의 승승장구를 위해
>   기도했다.

김과장

주어는 보통 문장의 앞에 위치하지만
의미 전달을 잘 하기 위해 서술어 근처에
있어야 할 때가 있어요. 3개 문장 모두
주어와 서술어의 위치가 멀리
떨어져있거나 생략되어 어색한 것이에요.

---

1. *나무* 열 번 찍어 안 넘어가는 거 없다.
 → 열 번 찍어 안 넘어가는 *나무* 없다.

2. *대졸자들은* 취업난을 해결하기 위해 자격증 공부를 한다.
 → 취업난을 해결하기 위해 *대졸자들은* 자격증 공부를 한다.

3. 나는 회사에서 가장 친한 동료가 이직하여 서운했지만, 그의
 승승장구를 위해 기도했다.
 → *나는* 회사에서 가장 친한 동료가 이직하여 서운했지만,
 그래도 *난* 그가 승승장구하길 기도했다.

---

3. 주어를 엉뚱한 위치에 쓰는 경우

STEP 1. 어울리는 주어 위치 찾기

문제 1 '나는'이라는 주어의 적절한 위치는?

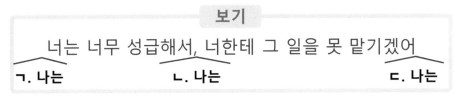

너는 너무 성급해서, 너한테 그 일을 못 맡기겠어
ㄱ. 나는   ㄴ. 나는   ㄷ. 나는

① ㄱ

② ㄴ

③ ㄷ

문제 2 '고객사'라는 주어의 적절한 위치는?

보기

한번 더 확인한 후 연락준다고 말했습니다.
ㄱ.고객사가   ㄴ.고객사가   ㄷ.고객사가

① ㄱ

② ㄴ

③ ㄷ

3. 주어를 엉뚱한 위치에 쓰는 경우

STEP 1. 어울리는 주어 위치 찾기

문제 1 '나는'이라는 주어의 적절한 위치는?

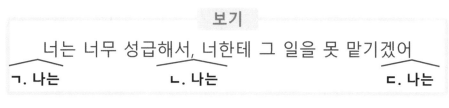

보기

너는 너무 성급해서, 너한테 그 일을 못 맡기겠어
ㄱ. 나는   ㄴ. 나는   ㄷ. 나는

① ㄱ

✔ ㄴ

③ ㄷ

문제 2 '고객사'라는 주어의 적절한 위치는?

보기

한번 더 확인한 후 연락준다고 말했습니다.
ㄱ.고객사가   ㄴ.고객사가   ㄷ.고객사가

✔ ㄱ

② ㄴ

③ ㄷ

3. 주어를 엉뚱한 위치에 쓰는 경우

STEP 1. 어울리는 주어 위치 찾기

문제 3 '나는'이라는 주어의 적절한 위치는?

보기

복잡한 마음을 안정시키기 위해 커피 한 잔을 마셨다.

ㄱ. 나는 　　　　　　　　　ㄴ. 나는 　　　　　　ㄷ. 나는

① ㄱ

② ㄴ

③ ㄷ

문제 4 '사람'이라는 주어의 적절한 위치는?

보기

영감을 찾는 고달프다.

ㄱ.사람은 　　ㄴ. 사람은 　　ㄷ. 사람은

① ㄱ

② ㄴ

③ ㄷ

3. 주어를 엉뚱한 위치에 쓰는 경우

문제 3 '나는'이라는 주어의 적절한 위치는?

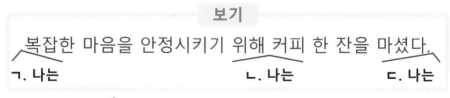

보기

복잡한 마음을 안정시키기 위해 커피 한 잔을 마셨다.
ㄱ. 나는   ㄴ. 나는   ㄷ. 나는

 ㄱ

② ㄴ

③ ㄷ

해설: '복잡한 마음을 안정시키는' 주체는 '나' 입니다. 그러므로
'나는'의 위치는 맨 앞에 있어야 자연스러운 문장입니다.

문제 4 '사람'이라는 주어의 적절한 위치는?

보기

영감을 찾는 고달프다.
ㄱ.사람은   ㄴ. 사람은   ㄷ. 사람은

① ㄱ

✔ ㄴ

③ ㄷ

3. 주어를 엉뚱한 위치에 쓰는 경우

문제 5 '나는'이라는 주어의 적절한 위치는?

보기

철수 결혼식에 갈 이유가 없다.

ㄱ. 나는   ㄴ. 나는   ㄷ. 나는

① ㄱ

② ㄴ

③ ㄷ

문제 6 '사람'이라는 주어의 적절한 위치는?

보기

도전하는 항상 움직인다.

ㄱ.사람은   ㄴ. 사람은   ㄷ. 사람은

① ㄱ

② ㄴ

③ ㄷ

3. 주어를 엉뚱한 위치에 쓰는 경우

문제 5 '나는'이라는 주어의 적절한 위치는?

보기

철수 결혼식에 갈 이유가 없다.

ㄱ. 나는   ㄴ. 나는   ㄷ. 나는

 ㄱ

② ㄴ

③ ㄷ

문제 6 '사람'이라는 주어의 적절한 위치는?

보기

도전하는 항상 움직인다.

ㄱ.사람은   ㄴ. 사람은   ㄷ. 사람은

① ㄱ

✔ ㄴ

③ ㄷ

3. 주어를 엉뚱한 위치에 쓰는 경우

STEP 1. 어울리는 주어 위치 찾기

문제 7 '내용'이라는 주어의 부적절한 위치는?

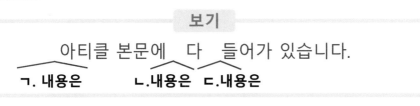

① ㄱ

② ㄴ

③ ㄷ

문제 8 '검색'이라는 주어의 부적절한 위치는?

보기

'의사결정 교육'으로 했습니다.

ㄱ.검색은   ㄴ.검색은   ㄷ.검색은

① ㄱ

② ㄴ

③ ㄷ

3. 주어를 엉뚱한 위치에 쓰는 경우

STEP 1. 어울리는 주어 위치 찾기

문제 7 '내용'이라는 주어의 부적절한 위치는?

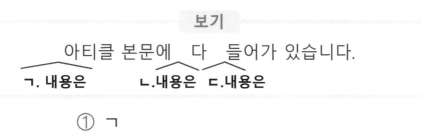

보기

아티클 본문에   다   들어가 있습니다.
ㄱ. 내용은   ㄴ.내용은   ㄷ.내용은

① ㄱ

② ㄴ

✔ ㄷ

해설: 주어가 문장의 앞 뿐만 아니라 중간에 있어도 자연스러울 수 있습니다.

문제 8 '검색'이라는 주어의 부적절한 위치는?

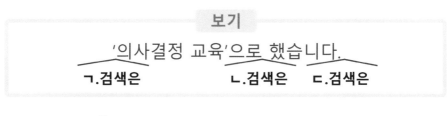

보기

'의사결정 교육'으로 했습니다.
ㄱ.검색은   ㄴ.검색은   ㄷ.검색은

① ㄱ

② ㄴ

 ㄷ

해설: '검색은'이 주어로써 ㄴ에 위치한다면, 생략되어 있는 앞뒤 내용에 따라 문장의 뉘앙스가 조금 달라질 수 있습니다.

3. 주어를 엉뚱한 위치에 쓰는 경우

STEP 2. 주어 위치가 어색해 이해하기 어려운 문장

문제 9 주어의 위치가 어색한 문장은?

① 변하고 넌 있어.

② 내가 널 가질 수 없다면, 널 부숴버리겠어.

③ 우리 매장에선 입스크/턱스크 하지 말아주세요.

④ 어이 고광렬이, 너는 첫 판부터 장난질이냐?

문제 10 주어의 위치가 어색한 문장은?

① 전자담배도 담배다.

② 백성의 소리는 신의 소리다.

③ 공동집필은 누구나 쉽게 참여할 수 있는 프로젝트다.

④ 수줍게 그 아이는 인사했다.

3. 주어를 엉뚱한 위치에 쓰는 경우

문제 9 주어의 위치가 어색한 문장은?

☑️ 변하고 넌 있어.

② 내가 널 가질 수 없다면, 널 부숴버리겠어.

③ 우리 매장에선 입스크/턱스크 하지 말아주세요.

④ 어이 고광렬이, 너는 첫 판부터 장난질이냐?

가이드 답안: 넌 변하고 있어

문제 10 주어의 위치가 어색한 문장은?

① 전자담배도 담배다.

② 백성의 소리는 신의 소리다.

③ 공동집필은 누구나 쉽게 참여할 수 있는 프로젝트다.

☑️ 수줍게 그 아이는 인사했다.

가이드 답안: 그 아이는 수줍게 인사했다.

3. 주어를 엉뚱한 위치에 쓰는 경우

문제 11 주어의 위치가 어색한 문장은?

① 50m 걸어가면 편의점 지하철 탑승구는 오른쪽에 있어.

② 메타버스 세상이 코 앞으로 다가왔다.

③ 주어는 서술하는 주체를 나타내는 문장 성분이다.

④ 초대형 민물가오리가 캄보디아 메콩강에서 잡혔다.

문제 12 주어의 위치가 어색한 문장은?

① 주관적 판단 배제는 회의록을 작성할 때 중요합니다.

② 그 축구선수는 영국 프리미어리그로 이적했다.

③ 호기심을 자극하는 내용으로 작성해야 한다. 도입부는

④ 가을이 가고, 겨울이 왔다.

3. 주어를 엉뚱한 위치에 쓰는 경우

문제 11 주어의 위치가 어색한 문장은?

✓① 50m 걸어가면 편의점 지하철 탑승구는 오른쪽에 있어.

② 메타버스 세상이 코 앞으로 다가왔다.

③ 주어는 서술하는 주체를 나타내는 문장 성분이다.

④ 초대형 민물가오리가 캄보디아 메콩강에서 잡혔다.

가이드 답안: 지하철 탑승구는 50m 걸어가면 편의점 오른쪽에 있어

문제 12 주어의 위치가 어색한 문장은?

① 주관적 판단 배제는 회의록을 작성할 때 중요합니다.

② 그 축구선수는 영국 프리미어리그로 이적했다.

✓③ 호기심을 자극하는 내용으로 작성해야 한다. 도입부는

④ 가을이 가고, 겨울이 왔다.

가이드 답안: 도입부는 호기심을 자극하는 내용으로 작성해야 한다.

3. 주어를 엉뚱한 위치에 쓰는 경우

문제 13 주어의 위치가 어색한 문장은?

① 청팀이 이어달리기를 할 때 백팀이 부정행위를 했음에도 불구하고 승리했다.

② 100년이 넘은 나의 시골집은 고즈넉한 분위기를 풍긴다.

③ 인간의 손이 닿은 영역엔 쓰레기가 가득하다.

④ 사회주의 국가는 목표로 정한 것을 무조건 추진한다.

문제 14 주어의 위치가 어색한 문장은?

① 서울이 올해 아시아와 호주 주요 도시 중 '살기 좋은 곳' 12위에 올랐다.

② 우리는 경관을 잘 정비해 관광객을 맞이했다.

③ 그곳에선 영어를 몰라도 여행하는 데 큰 문제가 없다.

④ 어머니는 시장물가가 너무 올라 걱정한다.

3. 주어를 엉뚱한 위치에 쓰는 경우

문제 13 주어의 위치가 어색한 문장은?

✓ 청팀이 이어달리기를 할 때 백팀이 부정행위를 했음에도 불구하고 승리했다.

② 100년이 넘은 나의 시골집은 고즈넉한 분위기를 풍긴다.

③ 인간의 손이 닿은 영역엔 쓰레기가 가득하다.

④ 사회주의 국가는 목표로 정한 것을 무조건 추진한다.

가이드 답안: 이어달리기를 할 때 백팀이 부정행위를 했음에도 불구하고 청팀이 승리했다.

문제 14 주어의 위치가 어색한 문장은?

✓ 서울이 올해 아시아와 호주 주요 도시 중 '살기 좋은 곳' 12위에 올랐다.

② 우리는 경관을 잘 정비해 관광객을 맞이했다.

③ 그곳에선 영어를 몰라도 여행하는 데 큰 문제가 없다.

④ 어머니는 시장물가가 너무 올라 걱정한다.

가이드 답안: 올해 아시아와 호주 주요 도시 중 서울이 '살기 좋은 곳'12위에 올랐다.

3. 주어를 엉뚱한 위치에 쓰는 경우

문제 15 '바른 문장 쓰기'에 어울리는 피드백을 한 리더는?

보기

여러 책이나 칼럼에서 거시적 트렌드를 바탕으로 10년 뒤, 5년 뒤를 예측하고 준비하라고 합니다. **ⓐ하지만 3년뒤, 1년뒤 우리는 예측하기 어렵습니다.** 지금부터 딱 1년 전 오늘로 돌아가서, 현재 내 모습과 주변 상황을 예상했나요? 업무가 달라졌거나, 주변 동료가 달라졌거나, 고객이 달라지는 등 예상하지 못한 일들이 많이 있을 것입니다.

-한 권으로 끝내는 OJT 내용 中-

① 리더A: ⓐ문장 맥락상 '지금으로부터 3년 뒤, 1년 뒤를 예측하는 것이지', '3년 뒤, 1년 뒤에 가서 예측하라'는 말이 아니야.

그러니 주어 '우리는'의 위치를 앞으로 옮겨 '우리는 3년 뒤, 1년 뒤를 예측하기 어렵습니다.'라고 수정해야 자연스러운 문장이 될 수 있어.

② 리더B: ⓐ문장 속 '3년뒤, 1년뒤'는 띄어쓰기 규칙을 무시했어. '년'과 '뒤' 사이에 띄어쓰기를 넣어서 '3년 뒤, 1년 뒤'라고 수정해야 해

3. 주어를 엉뚱한 위치에 쓰는 경우

문제 15 '바른 문장 쓰기'에 어울리는 피드백을 한 리더는?

여러 책이나 칼럼에서 거시적 트렌드를 바탕으로 10년 뒤, 5년 뒤를 예측하고 준비하라고 합니다. **ⓐ하지만 3년뒤, 1년뒤 우리는 예측하기 어렵습니다.** 지금부터 딱 1년 전 오늘로 돌아가서, 현재 내 모습과 주변 상황을 예상했나요? 업무가 달라졌거나, 주변 동료가 달라졌거나, 고객이 달라지는 등 예상하지 못한 일들이 많이 있을 것입니다.

-한 권으로 끝내는 OJT 내용 中-

☑리더A: ⓐ문장 맥락상 '지금으로부터 3년 뒤, 1년 뒤를 예측하는 것이지', '3년 뒤, 1년 뒤에 가서 예측하라'는 말이 아니야.

그러니 주어 '우리는'의 위치를 앞으로 옮겨 '우리는 3년 뒤, 1년 뒤를 예측하기 어렵습니다.'라고 수정해야 자연스러운 문장이 될 수 있어.

②리더B: ⓐ문장 속 '3년뒤, 1년뒤'는 띄어쓰기 규칙을 무시했어. '년'과 '뒤' 사이에 띄어쓰기를 넣어서 '3년 뒤, 1년 뒤'라고 수정해야 해

해설: 바른 문장 쓰기 관점의 보완은 한 번에 읽히지 않거나, 해석되지 않는 부분을 찾아 수정하는 것입니다. 띄어쓰기를 바르게 하는 것이 필요하긴 하지만, 바른 문장 쓰기 측면에선 너무 신경 쓰지 않아도 됩니다.

3. 주어를 엉뚱한 위치에 쓰는 경우

글 쓸 때 조금만 신경 쓰면 문장이 확 달라지는 꿀팁 3
사소한 실수, 띄어쓰기 조심하기

7월말 → 7월 말

교육전 → 교육 전

한시간 → 한 시간

작업중 → 작업 중

전년대비 → 전년 대비

다시한번 → 다시 한 번

19세이상 → 19세 이상

100만원 → 100만 원

그대 처럼 → 그대처럼

할 수 밖에 → 할 수밖에

일주일만에 → 일주일 만에

그럴땐 포기해라 → 그럴 땐 포기해라

하늘 만큼 땅 만큼 → 하늘만큼 땅만큼

빨리하는게 좋다. → 빨리하는 게 좋다.

더이상은 힘들다. → 더 이상은 힘들다.

홍길동님, 홍길동씨 → 홍길동 님, 홍길동 씨

일하는것은 힘들다. → 일하는 것은 힘들다.

여기서 부터 저기 까지 → 여기서부터 저기까지

4

문장 속 문장,
안은 문장일 경우

주어와 서술어가 1대1로 짝을 이뤄야 한다!

나신입

김과장님!! 궁금하게 또 생겼어요.
'안은 문장'은 무엇인가요??

김과장

일단 '절'이라는 개념을 알아야 해요. 절은 '주어+
서술어'로 구성되요. '절'은 다른 문장 안에 들어가
품사 처럼 쓰이는 단위라고도 말하는데, 안은 문장
속 안긴문장을 '절'이라고 해요. 절은 '명사절',
'관형절', '부사절', '서술절', '인용절'이 있으며...

나신입

과장님... 어려워요. 쉽게 설명해
줄 수 있나요?...

김과장

쉽게 설명하면, **'주어와 서술어'가 한 문장에 2개
이상** 들어간 문장이에요. 문장 속에 문장이 있는
거죠. 여기서 중요한 건 각 주어와 서술어는
같은 짝을 매칭시켜야 해요.

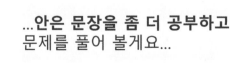

나신입

...안은 문장을 좀 더 공부하고
문제를 풀어 볼게요...

4. 문장 속 문장, 안은 문장일 경우

77

나신입이 공부한 안은 문장은?

| 안은 문장 | 안긴 문장을 포함한 문장 |

| 안긴 문장 | 다른 문장 속에 들어가
하나의 성분처럼 쓰이는 홑문장 |

**명사절
안은 문장**
- 문장에서 절 전체가 명사처럼 쓰인다!
- 주어, 목적어, 보어, 부사어 등의 기능을 한다!
- 서술어에 명사형 어미 '~(으)ㅁ,~기'가 붙는다!
  예시: 철수가 범인임이 밝혀졌다.

**관형절
안은 문장**
- 문장에서 절 전체가 관형어 기능을 한다!
- 과거, 현재, 미래, 회상의 시간을 표현한다!
- 관형사 어미 '~(으)ㄴ,~는', '(으)ㄹ,~던'이 붙는다!
  예시: 전 고객님을 만난 기억이 없습니다.

**부사절
안은 문장**
- 문장에서 절 전체가 부사 기능을 한다!
- 부사절은 서술어를 수식한다!
- '게, 도록, 아서/어서, 듯이' 연결 어미가 붙는다!
  예시: 나는 미치도록 그를 싫어 한다.

**서술절
안은 문장**
- 문장에서 절 전체가 서술어 기능을 한다!
- 서술어 1개, 주어 2개 이상 나타나는 특징이 있다!
  예시: 그녀는 눈이 매우 이쁘다.

**인용절
안은 문장**
- 문장에 말하는 사람의 표현이 들어간다!
- 절 어미에 '~고/~라고'가 붙는다!
  예시: 나는 "집에 가고 싶다"라고 혼자 생각했다.

안은문장!
이제 얼추 이해가 되네!

나신입

4. 문장 속 문장, 안은 문장일 경우

STEP 1. 문장 속 호응하는 요소 찾기

문제 1 명사절을 안은 문장 속 서로 호응하는 것은?

지금은 <u>퇴근하기에</u> <u>이른</u> <u>시간이다.</u>
　 A 　　　B 　　　　　C

Q. A와 호응하는 것 하나를 고르세요.

Q. 명사절은?

문제 2 관형절을 안은 문장 속 서로 호응하는 것은?

<u>나는</u> <u>그가</u> <u>우리를</u> 도와 준 <u>일을</u> <u>잊지 않는다.</u>
 A 　　B 　　　 C 　　　　　　D

Q. A와 호응하는 것 하나를 고르세요.

Q. B와 호응하는 것 하나를 고르세요.

Q. 관형절은?

4. 문장 속 문장, 안은 문장일 경우

문제 1 명사절을 안은 문장 속 서로 호응하는 것은?

<u>지금은</u> <u>퇴근하기에</u> <u>이른 시간이다.</u>
A   B   C

Q. A와 호응하는 것 하나를 고르세요.
C

Q. 명사절은?
B

문제 2 관형절을 안은 문장 속 서로 호응하는 것은?

<u>나는</u> <u>그가</u> <u>우리를 도와 준 일을</u> <u>잊지 않는다.</u>
A   B   C   D

Q. A와 호응하는 것 하나를 고르세요.
D

Q. B와 호응하는 것 하나를 고르세요.
C

Q. 관형절은?
B+C

4. 문장 속 문장, 안은 문장일 경우

문제 3 부사절을 안은 문장 속 서로 호응하는 것은?

철수는 농구를 잘해서 체육대회 선수로 뽑혔다.
　A　　　　B　　　　　　　　　　C

Q. A와 호응하는 것 하나를 고르세요.

Q. 부사절은?

문제 4 서술절을 안은 문장 속 서로 호응하는 것은?

옆 부서 장사원은 얼굴이 잘생겼다.
　A　　　B　　　C　　　D

Q. B와 호응하는 것 하나를 고르세요.

Q. 서술절은?

문제 3 부사절을 안은 문장 속 서로 호응하는 것은?

철수는 농구를 잘해서 체육대회 선수로 뽑혔다.
　A　　　　 B　　　　　　　　　 C

Q. A와 호응하는 것 하나를 고르세요.
C

Q. 부사절은?
B

문제 4 서술절을 안은 문장 속 서로 호응하는 것은?

옆 부서 장사원은 얼굴이 잘생겼다.
A　　　 B　　　 C　　 D

Q. B와 호응하는 것 하나를 고르세요.
D

Q. 서술절은?
C+D

4. 문장 속 문장, 안은 문장일 경우

문제 5 인용절을 안은 문장 속 서로 호응하는 것은?

그는 "이대리 님 어디가세요?"라고 물었다.
 A   B   C

Q. A와 호응하는 것 하나를 고르세요.

Q. 인용절은?

문제 6 문장성분 간 서로 호응하는 것은?

원효대사가 해골물을 마시고 얻은 교훈은?
 A   B   C   D

Q. A와 호응하는 것 하나를 고르세요.

4. 문장 속 문장, 안은 문장일 경우

STEP 1. 문장 속 호응하는 요소 찾기

문제 5 인용절을 안은 문장 속 서로 호응하는 것은?

<u>그는</u> "이대리 님 어디가세요?"라고 <u>물었다.</u>
A   B   C

Q. A와 호응하는 것 하나를 고르세요.
C

Q. 인용절은?
B

문제 6 문장성분 간 서로 호응하는 것은?

<u>원효대사가</u> <u>해골물을</u> <u>마시고</u> <u>얻은 교훈은?</u>
A   B   C   D

Q. A와 호응하는 것 하나를 고르세요.
D

4. 문장 속 문장, 안은 문장일 경우

STEP 2. 명사절을 안은 문장

문제 7 명사절을 안은 문장은?

① 사랑은 돌아온다.

② 영희는 철수가 합격하길 바란다.

③ 별 뜻 없이 말했다.

④ 내가 때려서 그는 화나서 서로 싸웠다.

문제 8 명사절을 안지 않은 문장은?

① 나는 내일 비가 오지 않기를 기도한다.

② 나는 김사원이 노력하고 있음을 잘 알고 있다.

③ 금이빨 빼고 모조리 씹어 먹어줄게.

④ 철수가 범인임이 밝혀졌다.

4. 문장 속 문장, 안은 문장일 경우

STEP 2. 명사절을 안은 문장

문제 7 명사절을 안은 문장은?

① 사랑은 돌아온다.

✅ 영희는 철수가 합격하길 바란다.

③ 별 뜻 없이 말했다.

④ 내가 때려서 그는 화나서 서로 싸웠다.

문제 8 명사절을 안지 않은 문장은?

① 나는 내일 비가 오지 않기를 기도한다.

② 나는 김사원이 노력하고 있음을 잘 알고 있다.

✅ 금이빨 빼고 모조리 씹어 먹어줄게.

④ 철수가 범인임이 밝혀졌다.

STEP 2. 관형절을 안은 문장

문제 9 관형절을 안은 문장은?

① 날 쏘고 가라.

② 내가 복권이 당첨됐다는 사실을 팀원들에게 들켰다.

③ 느그 아버지 머하시노?

④ 나는 생각한다.

문제 10 관형절을 안지 않은 문장은?

① 이 책은 내가 읽던 책이다.

② 회사에 이대리와 박차장이 연애한다는 소문이 돈다.

③ 전 고객님을 만난 기억이 없습니다.

④ 난 딴 돈의 반만 가져가.

4. 문장 속 문장, 안은 문장일 경우

문제 9 관형절을 안은 문장은?

① 날 쏘고 가라.

✅ 내가 복권이 당첨됐다는 사실을 팀원들에게 들켰다.

③ 느그 아버지 머하시노?

④ 나는 생각한다.

문제 10 관형절을 안지 않은 문장은?

① 이 책은 내가 읽던 책이다.

② 회사에 이대리와 박차장이 연애한다는 소문이 돈다.

③ 전 고객님을 만난 기억이 없습니다.

✅ 난 딴 돈의 반만 가져가.

4. 문장 속 문장, 안은 문장일 경우

STEP 2. 부사절을 안은 문장

문제 11 부사절을 안은 문장은?

① 나는 머리가 아파서 조퇴했다.

② 지갑이 텅 비었다.

③ 고양이는 얌전하다.

④ 납득이 안 가네 납득이.

문제 12 부사절을 안지 않은 문장은?

① 나는 미치도록 그를 싫어 한다.

② 병준이형 형은 나가... 나가 뒤지기 싫으면.

③ 그는 지각하지 않으려고 발에 땀이 나도록 뛰었다.

④ 나는 비가 많이 와서 우비를 입었다.

문제 11 부사절을 안은 문장은?

☑ 나는 머리가 아파서 조퇴했다.

② 지갑이 텅 비었다.

③ 고양이는 얌전하다.

④ 납득이 안 가네 납득이.

문제 12 부사절을 안지 않은 문장은?

① 나는 미치도록 그를 싫어 한다.

☑ 병준이형 형은 나가... 나가 뒤지기 싫으면.

③ 그는 지각하지 않으려고 발에 땀이 나도록 뛰었다.

④ 나는 비가 많이 와서 우비를 입었다.

STEP 2. 서술절을 안은 문장

문제 13 서술절을 안은 문장은?

① 얼음 정수기는 여름에 필요하다.

② 분리수거는 화요일, 목요일에 한다.

③ 부장님은 배가 고프다.

④ 헛소리 좀 하지마라.

문제 14 서술절을 안지 않은 문장은?

① 코끼리 코는 길다.

② 어이가 없네?

③ 김사원은 우리 중에서 제일 키가 크다.

④ 그녀는 눈이 매우 이쁘다.

4. 문장 속 문장, 안은 문장일 경우

STEP 2. 서술절을 안은 문장

문제 13 서술절을 안은 문장은?

① 얼음 정수기는 여름에 필요하다.

② 분리수거는 화요일, 목요일에 한다.

☑ 부장님은 배가 고프다.

④ 헛소리 좀 하지마라.

문제 14 서술절을 안지 않은 문장은?

① 코끼리 코는 길다.

☑ 어이가 없네?

③ 김사원은 우리 중에서 제일 키가 크다.

④ 그녀는 눈이 매우 이쁘다.

STEP 2. 인용절을 안은 문장

문제 15 인용절을 안은 문장은?

① 코끼리 코는 길다.

② 갈릴레이는 "그래도 지구는 돈다"라고 말했다.

③ 치약을 다 써서 새로운 치약을 구매했다.

④ 퇴근 시간이 얼마 남지 않았다.

문제 16 인용절을 안지 않은 문장은?

① 선생님은 우리에게 "남아서 더 공부해"라고 말했다.

② 오후 3시 나는 "집에 가고 싶다"라고 혼자 생각했다.

③ 내가 인마 느그 서장이랑 인마 어저께도 같이 밥 묵고! 싸우나도 같이 가고! 마 X새꺄 마 다했으!

④ 그녀는 면접장에서 "너무 긴장된다"라고 말했다.

문제 15 인용절을 안은 문장은?

① 코끼리 코는 길다.

☑ 갈릴레이는 "그래도 지구는 돈다"라고 말했다.

③ 치약을 다 써서 새로운 치약을 구매했다.

④ 퇴근 시간이 얼마 남지 않았다.

문제 16 인용절을 안지 않은 문장은?

① 선생님은 우리에게 "남아서 더 공부해"라고 말했다.

② 오후 3시 나는 "집에 가고 싶다"라고 혼자 생각했다.

☑ 내가 인마 느그 서장이랑 인마 어저께도 같이 밥 묵고! 싸우나도 같이 가고! 마 X새꺄 마 다했으!

④ 그녀는 면접장에서 "너무 긴장된다"라고 말했다.

문제 17 '바른 문장 쓰기'에 어울리는 피드백을 한 리더는?

보기

그러나, **@기존에 이루어지던 오프라인 커뮤니케이션의 경험과 비교하면 영상기반 서비스의 불편함과 한계(부족함)가 명확해짐으로써 현실경험과 비슷한 가상현실 기술이 접목된 많은 서비스들이 더욱 기대 되고 있습니다.**

① 리더A: @문장을 2개 문장으로 최대한 간결하게 작성해야 해

1.기존 오프라인 커뮤니케이션 경험과 비교하면 **영상기반 서비스는** 고객이 사용하기에 **불편하고** 기술적인 한계가 **명확합니다.**
2. 그래서 현실경험을 만들어 줄 수 있는 **가상현실 기술은** 이러한 불편함과, 기술적 한계를 개선시킬 것이라 **기대됩니다.**

② 리더B: "~접목된 많은 서비스들이~"는 겹말을 사용한 문장이야. '많은', '들'은 복수를 의미하는 단어야. 하나만 사용해야 깔끔한 문장이지

4. 문장 속 문장, 안은 문장일 경우

문제 17 '바른 문장 쓰기'에 어울리는 피드백을 한 리더는?

보기

그러나, ⓐ**기존에 이루어지던 오프라인 커뮤니케이션의 경험과 비교하면 영상기반 서비스의 불편함과 한계(부족함)가 명확해짐으로써 현실경험과 비슷한 가상현실 기술이 접목된 많은 서비스들이 더욱 기대 되고 있습니다.**

✅리더A: ⓐ문장을 2개 문장으로 최대한 간결하게 작성해야 해

1.기존 오프라인 커뮤니케이션 경험과 비교하면 **영상기반 서비스는** 고객이 사용하기에 **불편하고** 기술적인 한계가 **명확합니다.**

2. 그래서 현실경험을 만들어 줄 수 있는 **가상현실 기술은** 이러한 불편함과, 기술적 한계를 개선시킬 것이라 **기대됩니다.**

②리더B: "~접목된 많은 서비스들이~"는 겹말을 사용한 문장이야. '많은', '들'은 복수를 의미하는 단어야. 하나만 사용해야 깔끔한 문장이지

해설: 긴 문장을 쓰게 되면, 작성자는 그 문장을 여러 번 되뇌고 독자는 여러 번 읽게 됩니다. 여기에 주어와 서술어가 매칭되지 않으면 의미 전달도 어렵습니다. 겹말 사용 지양도 필요하지만 그보다 먼저 할 일은 긴 문장을 간결하게 하는 것입니다.

4. 문장 속 문장, 안은 문장일 경우

글 쓸 때 조금만 신경 쓰면 문장이 확 달라지는 꿀팁 4
겹말 사용하지 않기

역전 앞 → 역전

내면 속 → 내면

넓은 대로 → 대로

근래 들어 → 근래에

기간 동안 → 기간에

과반수 이상 → 과반수

가로수 나무 → 가로수

매 시간 마다 → 매시간

과정 속에서 → 과정에서

많은 사람들 → 많은 사람

관점에서 보면 → 관점에서

공감을 느낀다. → 공감하다.

서로 상의하다. → 상의하다.

미리 예습하다. → 예습하다.

계속 이어지다. → 이어지다.

결론을 맺다. → 결론을 내다.

생명이 위독하다. → 위독하다.

머리를 삭발하다. → 삭발하다.

회사에 입사하다. → 입사하다.

간단히 요약하다. → 요약하다.

⋮

주어보다 서술어가 많으면 어떻게 될까요?

5

주어보다 서술어가 더 많은 경우

회사는 어떤 장소일까?

김과장

나신입님 '회사는 돈 버는 장소다'라는 문장이 완벽한 문장이라고 생각하나요?

흠...네 이상한 부분은 없는 것 같은데요? 그리고 저 문장이 말하는 내용은 팩트에요. 회사는 돈 버는 장소가 맞죠!

나신입

김과장

하하... 맞죠. 문장만 봤을 때 '돈은 누가 버나요?'

우리가 벌죠. 내가 벌고. 아하! 회사에서 돈 버는 사람은 '회사원'이에요!

나신입

김과장

네 맞아요. 지금 저 문장엔 '회사원'이라는 주어가 빠져 있어요. 회사가 돈 버는 장소는 맞지만 돈 버는 주체는 사람이어야 해요. 그러니 '회사는 회사원이 돈 버는 장소다'라고 써야 제대로 된 문장이 돼요!

5. 주어보다 서술어가 더 많은 경우

STEP 1. 보기 속 문장 수정하기

문제 1 보기 문장을 잘 읽히도록 수정한 문장은?

보기

사무실에 영업사원이 두 명이 왔다.

① 사무실에 영업사원 두 명이 왔다.

② 영업사원이 두 명이 사무실에 왔다.

③ 두 개의 사무실에 영업사원이 왔다.

④ 영업사원은 두 명이다.

문제 2 보기 문장을 잘 읽히도록 수정한 문장은?

보기

멀리 가는 향기가 나는 꽃

① 향기가 멀리 가는 꽃

② 나는 꽃인데 멀리 간다.

③ 멀리 가는 꽃

④ 꽃은 멀리 향기는 멀리

5. 주어보다 서술어가 더 많은 경우

문제 1 보기 문장을 잘 읽히도록 수정한 문장은?

> **보기**
>
> 사무실에 영업사원이 두 명이 왔다.

✅ 사무실에 영업사원 두 명이 왔다.

② 영업사원이 두 명이 사무실에 왔다.

③ 두 개의 사무실에 영업사원이 왔다.

④ 영업사원은 두 명이다.

문제 2 보기 문장을 잘 읽히도록 수정한 문장은?

> **보기**
>
> 멀리 가는 향기가 나는 꽃

✅ 향기가 멀리 가는 꽃

② 나는 꽃인데 멀리 간다.

③ 멀리 가는 꽃

④ 꽃은 멀리 향기는 멀리

5. 주어보다 서술어가 더 많은 경우

문제 3 보기 문장을 잘 읽히도록 수정한 문장은?

보기

고고학이 취직이 어렵다.

① 고고학을 전공하는 사람은 취직이 어렵다.

② 취직이 어려운 고고학이다.

③ 취직은 고고학이 어렵다.

④ 취직은 어렵지만 고고학이다.

문제 4 보기 문장을 잘 읽히도록 수정한 문장은?

보기

나는 학생이자 직장에 다닌다.

① 나는 직장에 다니기 싫어 학교에 간다.

② 학생인데 월급이 나오면 좋겠다.

③ 나는 학교에 다니는 학생이며, 회사에 출근하는 회사원이다.

④ 싫어하는 학교 선배가 신입으로 들어오면 좋겠다.

5. 주어보다 서술어가 더 많은 경우

문제 3 보기 문장을 잘 읽히도록 수정한 문장은?

보기

고고학이 취직이 어렵다.

✓ 고고학을 전공하는 사람은 취직이 어렵다.

② 취직이 어려운 고고학이다.

③ 취직은 고고학이 어렵다.

④ 취직은 어렵지만 고고학이다.

문제 4 보기 문장을 잘 읽히도록 수정한 문장은?

보기

나는 학생이자 직장에 다닌다.

① 나는 직장에 다니기 싫어 학교에 간다.

② 학생인데 월급이 나오면 좋겠다.

✓ 나는 학교에 다니는 학생이며, 회사에 출근하는 회사원이다.

④ 싫어하는 학교 선배가 신입으로 들어오면 좋겠다.

5. 주어보다 서술어가 더 많은 경우

문제 5 보기 문장을 잘 읽히도록 수정한 문장은?

> **보기**
>
> 너는 너무 성급해서, 그 일을 못 맡기겠어

① 너는 너무 성급해, 그래서 내가 일을 못 맡기겠어

② 너는 너무 성급해서, 내가 그 일을 못 맡기겠어

③ 내가 너무 성급해서, 너에게 일을 못 맡기겠어

④ 너는 일을 못해

문제 6 보기 문장을 잘 읽히도록 수정한 문장은?

> **보기**
>
> 찌는 듯한 무더운 어느 날

① 무더운을 찌는 날

② 무더운 듯 어느 날은 찌는 듯

③ 어느 날 무더운 날

④ 찌는 듯이 무더운 어느 날

5. 주어보다 서술어가 더 많은 경우

문제 5 보기 문장을 잘 읽히도록 수정한 문장은?

보기

너는 너무 성급해서, 그 일을 못 맡기겠어

① 너는 너무 성급해, 그래서 내가 일을 못 맡기겠어

✓ 너는 너무 성급해서, 내가 그 일을 못 맡기겠어

③ 내가 너무 성급해서, 너에게 일을 못 맡기겠어

④ 너는 일을 못해

문제 6 보기 문장을 잘 읽히도록 수정한 문장은?

보기

찌는 듯한 무더운 어느 날

① 무더운을 찌는 날

② 무더운 듯 어느 날은 찌는 듯

③ 어느 날 무더운 날

✓ 찌는 듯이 무더운 어느 날

5. 주어보다 서술어가 더 많은 경우

STEP 2. 주어보다 서술어가 많은 문장

문제 7 서술어가 주어보다 많아 문장이 어색한 것은?

① A는 B고, C는 D다.

② 철수는 점심시간에 책을 포장했다.

③ 이번에 나온 승용차는 속도가 빠르다.

④ 내가 쓰는 볼펜은 사용하기 편하고 싸다.

문제 8 서술어가 주어보다 많아 문장이 어색한 것은?

① 업무수행 계획은 매우 상세하게 설계해야 한다.

② 리더는 직원들이 일하기 좋은 환경을 조성해야 한다.

③ 제주도 천지연폭포는 경관이 아름답고,
자주 방문하는 장소다.

④ 자료를 남기는 방법은 간단하다.

5. 주어보다 서술어가 더 많은 경우

STEP 2. 주어보다 서술어가 많은 문장

문제 7 서술어가 주어보다 많아 문장이 어색한 것은?

① A는 B고, C는 D다.

② 철수는 점심시간에 책을 포장했다.

③ 이번에 나온 승용차는 속도가 빠르다.

✔ 내가 쓰는 볼펜은 사용하기 편하고 싸다.

가이드 답안: 내가 쓰는 볼펜은 사용하기 편하고 값이 싸다.

문제 8 서술어가 주어보다 많아 문장이 어색한 것은?

① 업무수행 계획은 매우 상세하게 설계해야 한다.

② 리더는 직원들이 일하기 좋은 환경을 조성해야 한다.

✔ 제주도 천지연폭포는 경관이 아름답고,
자주 방문하는 장소다.

④ 자료를 남기는 방법은 간단하다.

가이드 답안: 제주도 천지연폭포는 경관이 아름답고,
관광객이 자주 방문하는 장소다.

5. 주어보다 서술어가 더 많은 경우

STEP 2. 주어보다 서술어가 많은 문장

문제 9 서술어가 주어보다 많아 문장이 어색한 것은?

① 말 기수는 열심히 채찍질하고, 땀 나도록 달린다.

② 철수는 게임할 때 가장 행복감을 느낀다.

③ 오랫동안 사랑했던 그를 이제 보내주려 한다.

④ 난 여행 갈 때마다 마그넷 기념품을 꼭 구매한다.

문제 10 서술어가 주어보다 많아 문장이 어색한 것은?

① "인생이란 건 다 그런 것이다"라고 선생님이 말했다.

② 토끼가 사용하는 빗은 무엇일까요? '래빗'입니다.

③ 항상 미안한 동물은 어떤 동물일까요? '오소리'입니다.

④ 운전하는 사람은 운전에 집중하고,
   간식을 챙겨줘야 한다.

5. 주어보다 서술어가 더 많은 경우

문제 9   서술어가 주어보다 많아 문장이 어색한 것은?

☑️ 말 기수는 열심히 채찍질하고, 땀 나도록 달린다.

② 철수는 게임할 때 가장 행복감을 느낀다.

③ 오랫동안 사랑했던 그를 이제 보내주려 한다.

④ 난 여행 갈 때마다 마그넷 기념품을 꼭 구매한다.

가이드 답안: 말 기수는 열심히 채찍질하고, 말은 땀 나도록 달린다.

문제 10   서술어가 주어보다 많아 문장이 어색한 것은?

① "인생이란 건 다 그런 것이다"라고 선생님이 말했다.

② 토끼가 사용하는 빗은 무엇일까요? '래빗'입니다.

③ 항상 미안한 동물은 어떤 동물일까요? '오소리'입니다.

☑️ 운전하는 사람은 운전에 집중하고,
　 간식을 챙겨줘야 한다.

가이드 답안: 운전하는 사람은 운전에 집중하고,
　　　　　　 동승자는 운전자에게 간식을 챙겨줘야 한다.

5. 주어보다 서술어가 더 많은 경우

STEP 2. 주어보다 서술어가 많은 문장

문제 11 서술어가 주어보다 많아 문장이 어색한 것은?

① 중요한 것부터 먼저 해결하는 방법

② 타이밍이란 성공에 가장 중요한 요인이다.

③ 운동화, 슬리퍼를 5만 원에 골라 살 수 있으며 고급 체육복을 20만 원에, 기능성 티셔츠를 1만 원에 판매한다.

④ 의사결정을 실행에 옮겨 성과를 올리기 위해서는 관계자가 행동이나 습관, 태도를 바꾸는 것이 중요하다.

문제 12 서술어가 주어보다 많아 문장이 어색한 것은?

① 리더는 팀원이 성장할 수 있도록 도와주고, 리더를 믿고 따라야 한다.

② 편의점 테이블을 사용한 후 쓰레기를 무조건 치워야 한다.

③ 상대방의 명함을 받으면, 헤어지기 전까지 들고 있거나 보이는 곳에 두는 것이 예의다.

④ 서울의 한 고교생이 관공서 전산 보안 시스템을 해킹했다.

5. 주어보다 서술어가 더 많은 경우

문제 11 서술어가 주어보다 많아 문장이 어색한 것은?

① 중요한 것부터 먼저 해결하는 방법

② 타이밍이란 성공에 가장 중요한 요인이다.

☑ 운동화, 슬리퍼를 5만 원에 골라 살 수 있으며 고급 체육복을 20만 원에, 기능성 티셔츠를 1만 원에 판매한다.

④ 의사결정을 실행에 옮겨 성과를 올리기 위해서는 관계자가 행동이나 습관, 태도를 바꾸는 것이 중요하다.

가이드 답안: 고객은 운동화, 슬리퍼를 5만 원에 골라 살 수 있으며 판매원은 고급 체육복을 20만 원에, 기능성 티셔츠를 1만 원에 판매한다.

문제 12 서술어가 주어보다 많아 문장이 어색한 것은?

☑ 리더는 팀원이 성장할 수 있도록 도와주고, 리더를 믿고 따라야 한다.

② 편의점 테이블을 사용한 후 쓰레기를 무조건 치워야 한다.

③ 상대방의 명함을 받으면, 헤어지기 전까지 들고 있거나 보이는 곳에 두는 것이 예의다.

④ 서울의 한 고교생이 관공서 전산 보안 시스템을 해킹했다.

가이드 답안: 리더는 팀원이 성장할 수 있도록 도와주고, 팀원은 리더를 믿고 따라야 한다.

5. 주어보다 서술어가 더 많은 경우

문제 13 '바른 문장 쓰기'에 어울리는 피드백을 한 리더는?

리더십을 교육하는 많은 분들이 '리더가 팀을 위해 희생해야 한다'고 합니다. 정말 사랑하는 사람이나 자녀를 위해 또는 부모님을 위해 희생하는 것도 쉽지 않은데 왜 피 한 방울 섞이지 않은 남을 위해 희생해야 할까요? ⓐ**희생하면 이를 본 팀원들이 정말 감동하고 영감을 받나요?**

그 답을 찾는 것이 어려우니 먼저 리더가 마음이 편해져야 한다는 것입니다. 리더 먼저 챙기자는 말에서 이기적이란 생각이 들 수도 있습니다. 그러나 '프로젝트 리더십'은 리더도 똑같은 사람이고, 리더 또한 문제해결은 어려우며, 때때로 실수도 할 수 있다는 인간적인 냄새(?)가 나는 ⓑ**'리더십'으로 생각되어지면 됩니다.**

-프로젝트 리더십 내용 中-

① 리더A: ⓐ문장 속 '팀원들이'는 '영감을 받다'로 잘 수식하는데, '희생하면'을 수식하는 주어가 없어. '희생하면'을 설명하는 주어로 '리더가'를 추가하면 되겠어.

② 리더B: ⓑ문장은 과도하게 피동형 동사로 주어를 수식하고 있어. 간단하게 '~생각하면 됩니다'라고 쓰면 깔끔한 문장으로 만들 수 있어.

5. 주어보다 서술어가 더 많은 경우

문제 13 '바른 문장 쓰기'에 어울리는 피드백을 한 리더는?

보기

리더십을 교육하는 많은 분들이 '리더가 팀을 위해 희생해야 한다'고 합니다. 정말 사랑하는 사람이나 자녀를 위해 또는 부모님을 위해 희생하는 것도 쉽지 않은데 왜 피 한 방울 섞이지 않은 남을 위해 희생해야 할까요? ⓐ**희생하면 이를 본 팀원들이 정말 감동하고 영감을 받나요?**

그 답을 찾는 것이 어려우니 먼저 리더가 마음이 편해져야 한다는 것입니다. 리더 먼저 챙기자는 말에서 이기적이란 생각이 들 수도 있습니다. 그러나 '프로젝트 리더십'은 리더도 똑같은 사람이고, 리더 또한 문제해결은 어려우며, 때때로 실수도 할 수 있다는 인간적인 냄새(?)가 나는 ⓑ**'리더십'으로 생각되어지면 됩니다.**

-프로젝트 리더십 내용 中-

☑️리더A: ⓐ문장 속 '팀원들이'는 '영감을 받다'로 잘 수식하는데, '희생하면'을 수식하는 주어가 없어. '희생하면'을 설명하는 주어로 '리더가'를 추가하면 되겠어

②리더B: ⓑ문장은 과도하게 피동형 동사로 주어를 수식하고 있어. 간단하게 '~생각하면 됩니다'라고 쓰면 깔끔한 문장으로 만들 수 있어.

해설: 구어체로 생각한 내용을 문어체로 표현하는 과정에서 자주 발생하는 실수 중 하나입니다. '희생하다', '감동하다 ' 등과 같은 동사형 서술어가 있으면 이와 어울리는 주어를 찾아야 합니다. 피동형 표현을 지양해야 하지만, 본 워크북은 바른 문장으로 만드는 것을 더 강조하고 있습니다.

5. 주어보다 서술어가 더 많은 경우

글 쓸 때 조금만 신경 쓰면 문장이 확 달라지는 꿀팁 5
피해야 할 일본식 표현

1.'진다', '된다', '되어진다', '불린다'
- 잘 **굽혀진** 고기는 맛있다. → 잘 **구운** 고기는 맛있다.
- 고철로 **만들어진** 동상 → 고철로 **만든** 동상
- 콤플렉스는 **극복되어야** 한다. → 콤플렉스는 **극복해야** 한다.
- 이씨라고 **불리던** 사람은 → 이씨라고 **부르던** 사람은

2.'~에 있어서'
- 비즈니스**에 있어서** 인사는 필수다. → 비즈니스**는** 인사가 필수다.
- 그건 나에게 **있어서** 감동이다. → 그건 나에게 감동이다.

3.'~의'
- **서로의** 안부를 묻는다. → **서로** 안부를 묻는다.
- **나의** 첫 번째 창작물 → **내** 첫 번째 창작물
- 현대문화**와의** 조화 → 현대문화**와** 조화
- 연인**과의** 대화는 즐겁다. → 연인**과** 대화는 즐겁다.
- 과거**로의** 여행 → 과거로 **떠나는** 여행
- 대만**에서의** 생활은 힘들었다. → 대만 생활은 힘들었다.
- 종업원**과의** 말다툼 → 종업원**과** 말다툼

4.'~보다'
- 이를 **보다** 효과적으로 활용한다 → 이를 **더** 효과적으로 활용한다.
- 추가로 **보다** 장기적인 관점으로…
   → 추가로 **더** 장기적인 관점으로…
- 보다 높은 효과를 기대한다. → **더** 높은 효과를 기대한다.

5.'~에 다름 아니다'
- 그 행동은 범죄에 **다름 아니다.** → 그 행동은 범죄와 **다름 없다.**
- 학생 앞에 부끄러운 교사가 되지 말자는 다짐에 **다름 아니다.**
   → 학생 앞에 부끄러운 교사가 되지 말자는 다짐 **뿐이다.**
- 독재정권 본질의 또 다른 전형임에 **다름 아니다.**
   → 독재정권 본질의 또 다른 전형임에 **지나지 않는다.**

Source: 이오덕 '우리글 바로 쓰기' 中 일부 내용 발췌

서술어보다 주어가 많으면 어떻게 될까요?

6

서술어보다 주어가
더 많은 경우

하나의 주어에 수식어가 두 개 이상이면 어색하다

김과장

나신입님 '회사는 회사원이 돈 버는 장소다'라는 문장을 이해했죠? 이번엔 서술어보다 주어가 더 많은 경우를 살펴볼 거에요.

서술어보다 주어가 더 많은 경우가 잘 이해가 안가요. 대표적으로 어떤 문장이 있나요?.

나신입

김과장

한 문장에서 한 개의 서술어에 대응하는 주어가 두 개인 것처럼 보이는 문장이에요. 나신입 님이 어제 부장님에게 말 실수한 내용과 관련이 있어요. ㅎㅎ

아!!....그때 부장님에게
"스피치 능력이 부장님이 좋아서~" 라고 말 했었어요.
"부장님은 스피치 능력이 좋아서~" 라고 말해야 했었는데!!

나신입

5. 서술어보다 주어가 더 많은 경우

STEP 1. 보기 속 문장 수정하기

문제 1 보기 문장을 잘 읽히도록 수정한 문장은?

보기

토끼는 귀는 크다.

① 크가 귀 토끼

② 토끼의 귀는 크다.

③ 큰 토끼는 귀는 크다.

④ 토끼는 당근을 좋아한다.

문제 2 보기 문장을 잘 읽히도록 수정한 문장은?

보기

이과장이 성격이 박과장과 다르다.

① 이과장은 성격은 박과장과 다르다.

② 이과장의 성격은 유별나다.

③ 박과장의 성격은 이과장과 같다.

④ 이과장의 성격은 박과장과 다르다.

5. 서술어보다 주어가 더 많은 경우

STEP 1. 보기 속 문장 수정하기

문제 1 보기 문장을 잘 읽히도록 수정한 문장은?

보기

토끼는 귀는 크다.

① 크가 귀 토끼

☑ 토끼의 귀는 크다.

③ 큰 토끼는 귀는 크다.

④ 토끼는 당근을 좋아한다.

해설: '는'이 2번 반복되었습니다.

문제 2 보기 문장을 잘 읽히도록 수정한 문장은?

보기

이과장이 성격이 박과장과 다르다.

① 이과장은 성격은 박과장과 다르다.

② 이과장의 성격은 유별나다.

③ 박과장의 성격은 이과장과 같다.

☑ 이과장의 성격은 박과장과 다르다.

해설: '이'가 2번 반복되었습니다.

5. 서술어보다 주어가 더 많은 경우

STEP 1. 보기 속 문장 수정하기

문제 3 보기 문장을 잘 읽히도록 수정한 문장은?

보기

내가 다이어트 식단이 물려서 혼자 짜증냈다.

① 혼자 다이어트 식단을 먹다가 짜증냈다.

② 나는 내 자신에게 짜증나서 다이어트를 했다.

③ 난 다이어트 식단이 물려서 혼자 짜증냈다.

④ 짜증나는 식단이 다이어트에 도움된다.

문제 4 보기 문장을 잘 읽히도록 수정한 문장은?

보기

음주운전을 한 A사장이 유죄가 확정되었다.

① 음주한 A사장은 유죄이다.

② 음주운전이 확정되었던 A사장은 이미 유죄다.

③ A사장은 유죄인 상태로 운전을 했다

④ 음주운전을 한 A사장은 유죄로 확정되었다.

5. 서술어보다 주어가 더 많은 경우

STEP 1. 보기 속 문장 수정하기

문제 3 보기 문장을 잘 읽히도록 수정한 문장은?

보기

내가 다이어트 식단이 물려서 혼자 짜증냈다.

① 혼자 다이어트 식단을 먹다가 짜증냈다.

② 나는 내 자신에게 짜증나서 다이어트를 했다.

✅ 난 다이어트 식단이 물려서 혼자 짜증냈다.

④ 짜증나는 식단이 다이어트에 도움된다.

해설: (내)'가'와 (식단)'이'가 함께 표현되어 어색합니다.

문제 4 보기 문장을 잘 읽히도록 수정한 문장은?

보기

음주운전을 한 A사장이 유죄가 확정되었다.

① 음주한 A사장은 유죄이다.

② 음주운전이 확정되었던 A사장은 이미 유죄다.

③ A사장은 유죄인 상태로 운전을 했다

✅ 음주운전을 한 A사장은 유죄로 확정되었다.

해설: (사장)'이'와 (유죄)'가'와 함께 표현되어 어색합니다.

5. 서술어보다 주어가 더 많은 경우

문제 5 보기 문장을 잘 읽히도록 수정한 문장은?

보기

잃어버린 보물이 두 개가 발견되었다.

① 보물을 두 개나 잃어버렸다.

② 보물을 더 찾아야 한다.

③ 발견된 두 개의 보물을 잃어버렸다.

④ 잃어버린 보물 두 개가 발견되었다.

문제 6 보기 문장을 잘 읽히도록 수정한 문장은?

보기

철수가 키가 작지만, 영미는 키가 크다.

① 철수가 키가 크고, 영미는 작다.

② 철수는 키가 작지만, 영미는 키가 크다.

③ 철수와 영미는 키가 작다.

④ 철수와 영미는 키가 크다.

5. 서술어보다 주어가 더 많은 경우

문제 5 보기 문장을 잘 읽히도록 수정한 문장은?

> 보기
>
> 잃어버린 보물이 두 개가 발견되었다.

① 보물을 두 개나 잃어버렸다.

② 보물을 더 찾아야 한다.

③ 발견된 두 개의 보물을 잃어버렸다.

✔④ 잃어버린 보물 두 개가 발견되었다.

해설: (보물)'이'와 (두 개)'가'와 함께 표현되어 어색합니다.

문제 6 보기 문장을 잘 읽히도록 수정한 문장은?

> 보기
>
> 철수가 키가 작지만, 영미는 키가 크다.

① 철수가 키가 크고, 영미는 작다.

✔② 철수는 키가 작지만, 영미는 키가 크다.

③ 철수와 영미는 키가 작다.

④ 철수와 영미는 키가 크다.

해설: (철수)'가'와 (키)'가'와 함께 2번 반복되어 어색합니다.

5. 서술어보다 주어가 더 많은 경우

STEP 2. 서술어보다 주어가 더 많은 경우

문제 7 서술어가 1개, 주어가 2개인 문장은?

① 그녀가 수준급 실력이 빛을 발했다.

② 우리는 돈을 내려고 생각해보지도 않았다.

③ 난 선생이고, 넌 학생이야

④ 너와 함께한 시간 모두 눈 부셨다.

문제 8 서술어가 1개, 주어가 2개인 문장은?

① 그 음식은 학생들에게 나눠서 분배하는 편이 좋다.

② 난 미팅이 길어지면, 굉장히 피곤해 진다.

③ 영미는 출근하는 철수는 봤다.

④ 요즘은 시계로 시간을 보지 않고, 스마트폰으로 본다.

문제 7 서술어가 1개, 주어가 2개인 문장은?

 그녀가 수준급 실력이 빛을 발했다.

② 우리는 돈을 내려고 생각해보지도 않았다.

③ 난 선생이고, 넌 학생이야

④ 너와 함께한 시간 모두 눈 부셨다.

가이드 답안: 그녀의 수준급 실력이 빛을 발했다.

문제 8 서술어가 1개, 주어가 2개인 문장은?

① 그 음식은 학생들에게 나눠서 분배하는 편이 좋다.

② 난 미팅이 길어지면, 굉장히 피곤해 진다.

 영미는 출근하는 철수는 봤다.

④ 요즘은 시계로 시간을 보지 않고, 스마트폰으로 본다.

가이드 답안: 영미는 출근하는 철수를 봤다.

STEP 2. 서술어보다 주어가 더 많은 경우

문제 9   서술어가 1개, 주어가 2개인 문장은?

① 김신입 이과장 안 만날 거야.
② 단일 시장 지배력과 영향력을 위한 차별화 전략이
  필요하다.
③ 성장 전략을 뒷받침하는 강력한 핵심 사업에 대한
  필요성은 사업과 사업이 아닌 것의 명확한 정의가
  요구된다.
④ 지속적으로 성장하는 회사들의 대부분은 극소수의
  핵심사업에 집중하고 있다.

문제 10 서술어가 1개, 주어나 수식어가 2개인 문장은?

① 사실 대부분의 혁신은 오래된 문제를 해결하고자
  하는 노력에서 시작된다.

② 우리는 소수의 의견을 바탕으로 통찰력을 찾아야 한다.

③ 디자인이 돋보이는 사람들의 눈을 사로잡는 제품입니다.

④ 목적을 명확하게 할수록 메일 내용을 효과적으로
  전달할 수 있습니다.

문제 9 서술어가 1개, 주어가 2개인 문장은?

① 김신입 이과장 안 만날 거야.

② 단일 시장 지배력과 영향력을 위한 차별화 전략이 필요하다.

③ 성장 전략을 뒷받침하는 강력한 핵심 사업에 대한 필요성은 사업과 사업이 아닌 것의 명확한 정의가 요구된다.

④ 지속적으로 성장하는 회사들의 대부분은 극소수의 핵심사업에 집중하고 있다.

가이드 답안: 김신입은 이과장을 안 만날 거야

문제 10 서술어가 1개, 주어나 수식어가 2개인 문장은?

① 사실 대부분의 혁신은 오래된 문제를 해결하고자 하는 노력에서 시작된다.

② 우리는 소수의 의견을 바탕으로 통찰력을 찾아야 한다.

③ 디자인이 돋보이는 사람들의 눈을 사로잡는 제품입니다

④ 목적을 명확하게 할수록 메일 내용을 효과적으로 전달할 수 있습니다.

가이드 답안: 디자인이 돋보여 사람들의 눈을 사로잡는 제품입니다.

문제 11 '바른 문장 쓰기'에 어울리는 피드백을 한 리더는?

> **보기**
>
> 특정 제품 하나를 바라볼 때도 다양한 각도로 바라봐야 아이디어를 낼 수 있습니다. **ⓐ만약 현관문을 바라본다면, '더 가볍지만 튼튼하게 만들려면 재질이 성분이 무엇으로 바꿔야 하나?'**, '현관문에 디스플레이를 달아 나가기 외출하기 전 날씨와 교통 상황을 볼 수 있으면 좋겠다!' 등 제품의 품질 개선이나 기능 개선, 비용 절감 등의 아이디어를 낼 수도 있죠. 즉 **ⓑ독자 여러분들이 평소에 관심을 가지고 있는 것들을 한 번 더 반복적으로 바라보는 것이** 일상 속 형태분석법의 시작입니다.
>
> *-Learning and Growth, 형태분석법 워크북 中-*

① 리더A: ⓐ문장은 '재질이 성분이 ~'라는 부분을 '재질과 성분이 ~' 라고 수정해야 해.

 '재질이 성분이 ~'는 주어가 2개이지만, '재질과 성분이'라는 복수 주어로 표현하면 주어가 1개지

② 리더B: ⓑ문장은 불필요한 것을 덜어내야 해

 '독자 여러분이 평소에 관심을 가지고 있는 제품, 서비스를 한 번 더 자세히 바라보는 방법이'로 써야지 깔끔한 문장이야

5. 서술어보다 주어가 더 많은 경우

정

문제 11 '바른 문장 쓰기'에 어울리는 피드백을 한 리더는?

보기

특정 제품 하나를 바라볼 때도 다양한 각도로 바라봐야 아이디어를 낼 수 있습니다. ⓐ**만약 현관문을 바라본다면, '더 가볍지만 튼튼하게 만들려면 재질이 성분이 무엇으로 바꿔야 하나?'**, '현관문에 디스플레이를 달아 나가기 외출하기 전 날씨와 교통 상황을 볼 수 있으면 좋겠다.' 등 제품의 품질 개선이나 기능 개선, 비용 절감 등의 아이디어를 낼 수도 있죠. 즉 ⓑ**독자 여러분들이 평소에 관심을 가지고 있는 것들을 한 번 더 반복적으로 바라보는 것이** 일상 속 형태분석법의 시작입니다.

-Learning and Growth, 형태분석법 워크북 中-

☑리더A: ⓐ문장은 '재질이 성분이 ~'라는 부분을 '재질과 성분이 ~' 라고 수정해야 해.
'재질이 성분이 ~'는 주어가 2개이지만, '재질과 성분이'라는 복수 주어로 표현하면 주어가 1개지

②리더B: ⓑ문장은 불필요한 것을 덜어내야 해
'독자 여러분이 평소에 관심을 가지고 있는 제품, 서비스를 한 번 더 자세히 바라보는 방법이'로 써야지 깔끔한 문장이야

해설: 문장 작성 시 불필요한 표현을 지양해야 깔끔하고 정갈한 문장이 되지만, 우선 한 번에 읽히는 문장을 만드는 것이 중요합니다.

5. 서술어보다 주어가 더 많은 경우

글 쓸 때 조금만 신경 쓰면 문장이 확 달라지는 꿀팁 6
덜어낼 수 있는 것 덜어내기 '적·의를 보이는 것·들'

'적의를 보이는 것들'이란 문장은 접미사 '~적', 조사 '~의', 의존 명사 '것', 접미사 '~들'을 표현한 문장입니다. 문장 속 '적, 의, 것, 들'은 사용하지 않아도 충분히 글이 자연스럽습니다. 오히려 깔끔한 문장이 되죠.

'~적'을 뺀 경우
- 사회적 현상 → 사회 현상
- 정치적 세력 → 정치 세력
- 국제적 관계 → 국제 관계
- 혁명적 사상 → 혁명 사상

⋮

'~의'을 뺀 경우
- 문제의 해결 → 문제 해결
- 소속 팀에서의 활약 → 소속 팀에서 활약
- 지원팀과의 협력 →지원팀과 협력

⋮

'~들'을 뺀 경우
- 포도나무들에 포도들이 열렸다. → 포도나무에 포도가 열렸다.

⋮

'~것'을 뺀 경우
- 일기를 쓰는 것은 일상을 기록하는 것이다. → 일기 쓰기는 일상을 기록하는 행동이다.

⋮

실전 예시

- …코로나19, 러시아 전쟁 등 국제적 관계가 전세계 전반적으로 큰 영향을 미치고 있습니다. 여러 국가들은 격변하는 정세를 걱정하고 있습니다. 실제로 식량 보급의 문제, 유가 상승의 문제가 대두되고 있죠. 이 사태가 의미하는 것은 단순히 사회적 문제로…

⬇

- …코로나19, 러시아 전쟁 등 국제 관계가 전세계로 큰 영향을 미치고 있습니다. 여러 국가는 격변하는 정세를 걱정하고 있습니다. 실제로 식량 보급 문제, 유가 상승 문제가 대두되고 있죠. 이 사태는 단순히 사회 문제로…

Source: 김정선 '내 문장이 그렇게 이상한가요?' 中 일부 내용 발췌

바른 말, 고운 말만 있나요?
바른 문장도 있답니다!

7

주어를 바르게 수식하는 서술어 (종합 연습)

하나의 주어에 수식어가 두 개 이상이면 어색하다

김과장

드디어 마지막 연습 파트에요.
지금까지 연습해보니 어땠나요?

기본적으로 주어와 서술어는 가까이,
그리고 1대1로 매칭해야 독자가 읽기 쉬운
문장이 된다는 걸 알았어요.

나신입

김과장

네 맞아요. 이젠 지금까지 학습한 내용을
복습하는 느낌으로, 바른 문장 연습을
진행할게요. 그리고 평소 자주 실수하는
피동형 서술어 사용, 사물 존칭을 사용하는
경우도 살펴볼거에요.

네 마지막까지 잘 따라 가겠습니다!

나신입

6. 주어를 바르게 수식하는 서술어

STEP 1. 보기 속 문장 수정하기

문제 1　보기 문장을 잘 읽히도록 수정한 문장은?

보기

커피가 잠이 안 와

① 커피를 마셔서 잠이 안 와

② 마시면 커피를 마셔야 해

③ 커피의 잠이 안 와

④ 커피가 안 와, 잠 잘래

문제 2　보기 문장을 잘 읽히도록 수정한 문장은?

보기

철수는 아들 용진이 담배를 피운다.

① 철수의 아들 용진은 담배를 피운다.

② 용진은 담배를 핀다. 그는 철수의 아들이다.

③ 용진의 아들 철수는 담배를 핀다.

④ 철수는 담배를 핀다.

6. 주어를 바르게 수식하는 서술어

문제 1 보기 문장을 잘 읽히도록 수정한 문장은?

> **보기**
>
> 커피가 잠이 안 와

✔ 커피를 마셔서 잠이 안 와

② 마시면 커피를 마셔야 해

③ 커피의 잠이 안 와

④ 커피가 안 와, 잠 잘래

문제 2 보기 문장을 잘 읽히도록 수정한 문장은?

> **보기**
>
> 철수는 아들 용진이 담배를 피운다.

✔ 철수의 아들 용진은 담배를 피운다.

② 용진은 담배를 핀다. 그는 철수의 아들이다.

③ 용진의 아들 철수는 담배를 핀다.

④ 철수는 담배를 핀다.

문제 3 보기 문장을 잘 읽히도록 수정한 문장은?

보기
나의 꿈은 약자를 돕고
선한 영향력을 주는 사람이 되고 싶다.

① 선한 영향력을 주기 위해 약자를 돕는다.

② 약자는 선한 영향력을 준다.

③ 돕고 싶은 사람이 되자.

④ 나의 꿈은 약자를 돕고
선한 영향력을 주는 사람이 되는 것이다.

문제 4 보기 문장을 잘 읽히도록 수정한 문장은?

보기
최팀장의 연속된 피드백은 김신입을 힘들게 했다.

① 김신입은 최팀장의 연속된 피드백 때문에 힘들었다.

② 김신입은 일하기 싫다.

③ 최팀장 성격은 불 같다.

④ 피드백 내용은 별 볼일 없다.

STEP 1. 보기 속 문장 수정하기

문제 3 보기 문장을 잘 읽히도록 수정한 문장은?

> **보기**
> 나의 꿈은 약자를 돕고
> 선한 영향력을 주는 사람이 되고 싶다.

① 선한 영향력을 주기 위해 약자를 돕는다.

② 약자는 선한 영향력을 준다.

③ 돕고 싶은 사람이 되자.

✔ 나의 꿈은 약자를 돕고
선한 영향력을 주는 사람이 되는 것이다.

문제 4 보기 문장을 잘 읽히도록 수정한 문장은?

> **보기**
> 최팀장의 연속된 피드백은 김신입을 힘들게 했다.

✔ 김신입은 최팀장의 연속된 피드백 때문에 힘들었다.

② 김신입은 일하기 싫다.

③ 최팀장 성격은 불 같다.

④ 피드백 내용은 별 볼일 없다.

6. 주어를 바르게 수식하는 서술어

STEP 1. 보기 속 문장 수정하기

문제 5 보기 문장을 잘 읽히도록 수정한 문장은?

> **보기**
>
> 내 장점은 빠르게 움직인다고 생각한다.

① 움직이면 빠르다.

② 내 장점은 빠르게 움직이는 것이다.

③ 장점은 빠르게 생각하는 것이다.

④ 움직이면 생각난다.

문제 6 보기 문장을 잘 읽히도록 수정한 문장은?

> **보기**
>
> 꿈을 이루기 위해선 자신이 최선을 다하는 것이다.

① 꿈을 꿔야 최선을 다할 수 있다.

② 자신 있는 분야에 최선을 다해야 꿈을 이룰 수 있다.

③ 최선을 이루기 위해선 꿈을 다해야 한다.

④ 꿈을 이루기 위한 좋은 방법은 최선을 다하는 것이다.

문제 5 보기 문장을 잘 읽히도록 수정한 문장은?

보기

내 장점은 빠르게 움직인다고 생각한다.

① 움직이면 빠르다.

☑ 내 장점은 빠르게 움직이는 것이다.

③ 장점은 빠르게 생각하는 것이다.

④ 움직이면 생각난다.

문제 6 보기 문장을 잘 읽히도록 수정한 문장은?

보기

꿈을 이루기 위해선 자신이 최선을 다하는 것이다.

① 꿈을 꿔야 최선을 다할 수 있다.

② 자신 있는 분야에 최선을 다해야 꿈을 이룰 수 있다.

③ 최선을 이루기 위해선 꿈을 다해야 한다.

☑ 꿈을 이루기 위한 좋은 방법은 최선을 다하는 것이다.

6. 주어를 바르게 수식하는 서술어

STEP 1. 보기 속 문장 수정하기

문제 7 보기 문장을 잘 읽히도록 수정한 문장은?

> **보기**
>
> 야, 너희 아버지 밖에 나간다.

① 야, 니 아빠 나간다.

② 너희 아버지 '야'라고 불러도 되냐.

③ 야, 너희 아버지 밖에 나가신다.

④ 아버지는 밖에 왜 나가?

문제 8 보기 문장을 잘 읽히도록 수정한 문장은?

> **보기**
>
> 사장님의 축사 말씀이 계시겠습니다.

① 사장님의 축사 말씀이 있겠습니다.

② 사장님께서 축사 말씀을 하시겠습니다.

③ 사장은 축사를 해라

④ 사장님의 축사 말씀은 계십니까?

6. 주어를 바르게 수식하는 서술어

문제 7 보기 문장을 잘 읽히도록 수정한 문장은?

> **보기**
>
> 야, 너희 아버지 밖에 나간다.

① 야, 니 아빠 나간다.

② 너희 아버지 '야'라고 불러도 되냐.

✔️ 야, 너희 아버지 밖에 나가신다.

④ 아버지는 밖에 왜 나가?

문제 8 보기 문장을 잘 읽히도록 수정한 문장은?

> **보기**
>
> 사장님의 축사 말씀이 계시겠습니다.

✔️ 사장님의 축사 말씀이 있겠습니다.

② 사장님께서 축사 말씀을 하시겠습니다.

③ 사장은 축사를 해라

④ 사장님의 축사 말씀은 계십니까?

STEP 2. 주어와 서술어가 잘 어울리는가?

문제 9 술어가 주어를 제대로 수식한 문장은?

① 나는 텀블러에 커피를 담아 출근한다.

② 철수에 생각의 많은지 실수가 많다.

③ 그녀는 노래를 잘해 가수이다.

④ 운동장에 비가 왔기 때문에 축축한 땅이다.

문제 10 술어가 주어를 제대로 수식하지 않은 문장은?

① 우리집의 좋은 점은 일조량이 보장되고 난방비를 절약할 수 있습니다.

② 책이나 칼럼에서 거시적 트렌드를 바탕으로 10년 뒤, 5년 뒤를 예측하고 준비하라고 합니다.

③ 무엇이든 배울 수 있는 사람이나 나에게 자극을 주는 사람을 만나는 것이 필요합니다.

④ 회의에 참석한 사람이 욕설이나 속어를 사용했다고 해서 그대로 기록해서는 안 됩니다.

STEP 2. 주어와 서술어가 잘 어울리는가?

문제 9 술어가 주어를 제대로 수식한 문장은?

 ① 나는 텀블러에 커피를 담아 출근한다.

② 철수에 생각의 많은지 실수가 많다.

③ 그녀는 노래를 잘해 가수이다.

④ 운동장에 비가 왔기 때문에 축축한 땅이다.

가이드 답안: ②철수는 생각이 많은지 실수가 많다.
③그녀는 노래를 잘해 가수란 말을 듣는다.
④운동장에 비가 왔기 때문에 땅이 축축하다.

문제 10 술어가 주어를 제대로 수식하지 않은 문장은?

 ① 우리집의 좋은 점은 일조량이 보장되고 난방비를 절약할 수 있습니다.

② 책이나 칼럼에서 거시적 트렌드를 바탕으로 10년 뒤, 5년 뒤를 예측하고 준비하라고 합니다.

③ 무엇이든 배울 수 있는 사람이나 나에게 자극을 주는 사람을 만나는 것이 필요합니다.

④ 회의에 참석한 사람이 욕설이나 속어를 사용했다고 해서 그대로 기록해서는 안 됩니다.

가이드 답안: 우리집의 좋은 점은 일조량이 보장되어 난방비를 절약할 수 있다는 것입니다.

6. 주어를 바르게 수식하는 서술어

문제 11 술어가 주어를 제대로 수식한 문장은?

① 정화 때문에 우리 반이 꼴찌다.

② 학교는 문화, 정치, 경제에 이르기까지 많은 지식을 배울 수 있다.

③ 그의 걸음 걸이는 발가락이 부러진 듯 걸었다.

④ 소소한 일상이 행복이 되는 그 순간까지

문제 12 술어가 주어를 제대로 수식하지 않은 문장은?

① 나는 올해 꼭 다이어트를 할 계획이다.

② 내가 스타가 되는 곳

③ 연결의 힘을 믿습니다.

④ 마흔은 두 번째 스무살

문제 11 술어가 주어를 제대로 수식한 문장은?

① 정화 때문에 우리 반이 꼴찌다.

② 학교는 문화, 정치, 경제에 이르기까지 많은 지식을 배울 수 있다.

③ 그의 걸음 걸이는 발가락이 부러진 듯 걸었다.

✔️ 소소한 일상이 행복이 되는 그 순간까지

가이드 답안: ①정화 때문에 우리 반이 꼴찌를 했다.
　　　　　②학교는 문화, 정치, 경제에 이르기까지 많은 지식을
　　　　　　배울 수 있는 곳이다.
　　　　　③그의 걸음 걸이는 발가락이 부러진듯한 걸음 걸이다.
　　　　　또는 그는 발가락이 부러진 듯 걸었다.

문제 12 술어가 주어를 제대로 수식하지 않은 문장은?

✔️ 나는 올해 꼭 다이어트를 할 계획이다.

② 내가 스타가 되는 곳

③ 연결의 힘을 믿습니다.

④ 마흔은 두 번째 스무살

가이드 답안: 나는 올해 꼭 다이어트를 할 것이다.

6. 주어를 바르게 수식하는 서술어

STEP 2. 주어와 서술어가 잘 어울리는가?

문제 13 술어가 주어를 제대로 수식한 문장은?

① 그 소설엔 작가의 생각이 그대로 반영되었다고 한다.

② 아들아, 넌 열심히 공부한다.

③ 우리는 밤새 대화를 토론했다.

④ 그는 계약서를 제대로 읽지 않았다.

문제 14 술어가 주어를 제대로 수식하지 않은 문장은?

① 우린 날로 증가하는 화재 예방은 노력해야 한다.

② 인생을 알고 나면 못 하는게 많아요.

③ 어제를 살아봤다고 오늘을 다 아는 건 아니야.

④ 잊지 말자. 나는 어머니의 자부심이다.

6. 주어를 바르게 수식하는 서술어

문제 13 술어가 주어를 제대로 수식한 문장은?

① 그 소설엔 작가의 생각이 그대로 반영되었다고 한다.

② 아들아, 넌 열심히 공부한다.

③ 우리는 밤새 대화를 토론했다.

④ 그는 계약서를 제대로 읽지 않았다.

가이드 답안: ①그 소설엔 작가의 생각이 그대로 반영되었다.
②아들아, 넌 열심히 공부해야 한다.
③우리는 밤새 대화했다./우리는 밤새 토론했다.

문제 14 술어가 주어를 제대로 수식하지 않은 문장은?

① 우린 날로 증가하는 화재 예방은 노력해야 한다.

② 인생을 알고 나면 못 하는게 많아요.

③ 어제를 살아봤다고 오늘을 다 아는 건 아니야.

④ 잊지 말자. 나는 어머니의 자부심이다.

가이드 답안: 우린 날로 증가하는 화재를 예방하기 위해 노력해야
한다.

6. 주어를 바르게 수식하는 서술어

STEP 2. 서술어가 피동형으로 사용되는 경우

문제 15 술어가 주어를 제대로 수식한 문장은?

① 나는 지하철이 지연되어 지각했다고 생각된다.

② 닭스튜엔 고춧가루와 토마토소스가 들어간다.

③ 나의 모든 권한은 내 지위에서 주어지는 것이다.

④ 이 아이는 입양할 가정이 나타날 때까지 이곳에서 키워진다.

문제 16 술어가 주어를 제대로 수식하지 않은 문장은?

① 이번에 출시된 SUV차량은 가격이 저렴하다.

② 서울시는 올해까지 정책을 마련한다는 전달되었다.

③ MZ세대가 주목하고 있는 어플은 그만한 이유가 있다.

④ 점심식사 가격이 점점 올라, 직장인들이 부담을 느낀다.

문제 15 술어가 주어를 제대로 수식한 문장은?

① 나는 지하철이 지연되어 지각했다고 생각된다.

✅ 닭스튜엔 고춧가루와 토마토소스가 들어간다.

③ 나의 모든 권한은 내 지위에서 주어지는 것이다.

④ 이 아이는 입양할 가정이 나타날 때까지 이곳에서 키워진다.

가이드 답안: ①나는 지하철이 지연되어 지각했다고 생각한다.
③나의 모든 권한은 내 지위에서 파생된다.
④이 아이는 입양할 가정이 나타날 때까지 이곳에서 키운다.

문제 16 술어가 주어를 제대로 수식하지 않은 문장은?

① 이번에 출시된 SUV차량은 가격이 저렴하다.

✅ 서울시는 올해까지 정책을 마련한다는 전달되었다.

③ MZ세대가 주목하고 있는 어플은 그만한 이유가 있다.

④ 점심식사 가격이 점점 올라, 직장인들이 부담을 느낀다.

가이드 답안: 서울시는 올해까지 정책을 마련한다고 말했다.

문제 17 술어가 주어를 제대로 수식한 문장은?

① 나는 365일 24시간 동안 생각한다.

② 내 서류는 경쟁 업체에 보내지게 되었다.

③ 이 문은 절대로 열려지지 않습니다.

④ 새로 구입한 노트북에 윈도우를 설치되어야 한다.

문제 18 술어가 주어를 제대로 수식하지 않은 문장은?

① 나는 7월 중순에 휴가를 갈 예정이다.

② 영국은 왜 유럽연합을 탈퇴하려고 하나?

③ 내일 밤까지 소나기가 내릴 예정입니다.

④ 여러분의 정성이 모아지고 있다.

문제 17 술어가 주어를 제대로 수식한 문장은?

☑ 나는 365일 24시간 동안 생각한다.

② 내 서류는 경쟁 업체에 보내지게 되었다.

③ 이 문은 절대로 열려지지 않습니다.

④ 새로 구입한 노트북에 윈도우를 설치되어야 한다.

가이드 답안: ②내 서류는 경쟁 업체에 보내졌다.
　　　　　　③이 문은 절대로 열리지 않습니다.
　　　　　　④새로 구입한 노트북에 윈도우를 설치해야 한다.

문제 18 술어가 주어를 제대로 수식하지 않은 문장은?

① 나는 7월 중순에 휴가를 갈 예정이다.

② 영국은 왜 유럽연합을 탈퇴하려고 하나?

③ 내일 밤까지 소나기가 내릴 예정입니다.

☑ 여러분의 정성이 모아지고 있다.

가이드 답안: 여러분의 정성이 모이고 있다.

STEP 2. 서술어가 사물 존칭으로 사용되는 경우

문제 19 술어가 주어를 제대로 수식한 문장은?

① 손님, 이 음식 포장이신가요?

② 고객님이 찾으시는 신발 사이즈가 없으십니다.

③ 수정 씨는 눈이 참 크시네요.

④ 나는 커피 한 잔이 먹고 싶다.

문제 20 술어가 주어를 제대로 수식하지 않은 문장은?

① 환자분 들어오세요.

② 운전 조심히 하고, 잘 내려가.

③ 내 지갑 본 사람 있어?

④ 주문하신 아이스 아메리카노 나오셨습니다.

문제 19 술어가 주어를 제대로 수식한 문장은?

① 손님, 이 음식 포장이신가요?

② 고객님이 찾으시는 신발 사이즈가 없으십니다.

③ 수정 씨는 눈이 참 크시네요.

☑️ 나는 커피 한 잔이 먹고 싶다.

가이드 답안: ①손님, 이 음식 포장해드릴까요?
②고객님이 찾으시는 신발 사이즈가 없습니다.
③수정 씨는 눈이 참 크네요.

문제 20 술어가 주어를 제대로 수식하지 않은 문장은?

① 환자분 들어오세요.

② 운전 조심히 하고, 잘 내려가.

③ 내 지갑 본 사람 있어?

☑️ 주문하신 아이스 아메리카노 나오셨습니다.

가이드 답안: 주문하신 아이스 아메리카노 나왔습니다.

6. 주어를 바르게 수식하는 서술어

STEP 2. 서술어가 사물 존칭으로 사용되는 경우

문제 21 술어가 주어를 제대로 수식한 문장은?

① 티슈는 기둥 뒤에 있으세요.

② 고객님 할인 적용되셨어요.

③ 저기 문에 달린 나사를 풀어야 해.

④ 잠시만 기다리실게요.

문제 22 술어가 주어를 제대로 수식하지 않은 문장은?

① 유성매직으로 쓰면 잘 안 지워져.

② 요즘 물가가 너무 올라서 걱정이야.

③ 국물이 뜨거우시니까 조심히 드세요.

④ 게이밍 마우스는 비싸.

문제 21 술어가 주어를 제대로 수식한 문장은?

① 티슈는 기둥 뒤에 있으세요.

② 고객님 할인 적용되셨어요.

☑️ 저기 문에 달린 나사를 풀어야 해.

④ 잠시만 기다리실게요.

가이드 답안: ①티슈는 기둥 뒤에 있습니다.
　　　　　②고객님 할인 적용됐습니다.
　　　　　④잠시만 기다려주세요.

문제 22 술어가 주어를 제대로 수식하지 않은 문장은?

① 유성매직으로 쓰면 잘 안 지워져.

② 요즘 물가가 너무 올라서 걱정이야.

☑️ 국물이 뜨거우시니까 조심히 드세요.

④ 게이밍 마우스는 비싸.

가이드 답안: 국물이 뜨거우니 조심히 드세요.

6. 주어를 바르게 수식하는 서술어

STEP 3. 상황 파악하며 주술관계 이해하기

문제 23 문장을 2개로 나눠 잘 읽히도록 수정한 것은?

보기

2020년은 코로나로 인한 팬데믹 시대에 대응하여 사람들간의 사회적 거리두기로 비대면 커뮤니케이션 서비스가 요구되어 기존 영상 기반의 비대면서비스가 큰 역할을 하고 있습니다.

① 1. 2020년은 코로나로 인한 팬데믹 시대에 대응하여 사람들간의 사회적 거리두기로 비대면 커뮤니케이션 서비스가 요구되었습니다.

2. 그래서 기존 영상 기반의 비대면서비스가 큰 역할을 하고 있습니다.

② 1. 2020년, 코로나로 인한 팬데믹 시대에 대응하여 사람들은 사회적 거리두기를 실천했습니다.

2. 이로 인해 비대면 커뮤니케이션 서비스가 요구되었고. 기존 영상 기반의 비대면서비스가 큰 역할을 하고 있습니다.

6. 주어를 바르게 수식하는 서술어

문제 23 문장을 2개로 나눠 잘 읽히도록 수정한 것은?

보기

2020년은 코로나로 인한 팬데믹 시대에 대응하여 사람들간의 사회적 거리두기로 비대면 커뮤니케이션 서비스가 요구되어 기존 영상 기반의 비대면서비스가 큰 역할을 하고 있습니다.

① 1. 2020년은 코로나로 인한 팬데믹 시대에 대응하여 사람들간의 사회적 거리두기로 비대면 커뮤니케이션 서비스가 요구되었습니다.

2. 그래서 기존 영상 기반의 비대면서비스가 큰 역할을 하고 있습니다.

☑ 1. 2020년, 코로나로 인한 팬데믹 시대에 대응하여 사람들은 사회적 거리두기를 실천했습니다.

2. 이로 인해 비대면 커뮤니케이션 서비스가 요구되었고. 기존 영상 기반의 비대면서비스가 큰 역할을 하고 있습니다.

해설: 긴 문장을 나눌 때는 전달하는 내용을 중심으로 구분하되 조사를 수정하여 독자가 자연스럽게 읽을 수 있도록 수정하는 것이 필요합니다.

6. 주어를 바르게 수식하는 서술어

깔끔한 문장 쓰는 방법 6
장문보다 단문, 짧게 문장 쓰기 (하나의 문장엔 하나의 메시지)

전 항상 집에서 버스정류장까지 갈 때 초등학교를 지나가고, 그 앞을 지나갈 때마다 아이돌 노래를 들었는데, 내가 직접 선택해서 노래를 튼 것은 아니고, 알고리즘이 추천해주는 음악을 듣기때문에, 랜덤으로 틀어주는 노래 중 맘에 들지 않는 노래는 바로 스킵하는 데 아이돌 노래는 지금까지 한 번도 스킵하지 않았습니다.

마음에 들어서 초반부부터 휘어 감싸는 비트, 목소리만 들어도 세상 이쁠 것 같은 아이돌의 청량한 보이스, 신선한 멜로디까지… 네 좋았나 봅니다.

전 항상 집에서 버스정류장까지 갈 때 초등학교를 지나갑니다. 그 앞을 지나갈 때마다 아이돌 노래를 들었습니다.

내가 직접 선택해서 노래를 튼 것은 아닙니다. 알고리즘이 추천해주는 음악을 듣습니다. 랜덤으로 틀어주는 노래 중 맘에 들지 않는 노래는 바로 스킵하는 데 아이돌 노래는 지금까지 한 번도 스킵하지 않았습니다.

노래가 마음에 들었나 봅니다. 초반부터 휘어 감싸는 비트, 목소리만 들어도 세상 이쁠 것 같은 아이돌의 청량한 보이스, 신선한 멜로디까지… 네 좋았나 봅니다.

Source: Learning and Growth 공동집필 프로젝트

4장

일상 속
바른 문장 쓰기

시작은 소리 내어 읽어보기

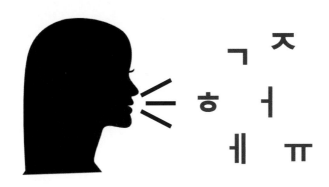

가장 좋은 방법은 글을 쓴 후 '소리 내어 읽어보기'입니다. 숙련도가 향상되면 눈으로 읽으면서 퇴고할 수 있으나 그 전까지는 입으로 소리 내는 것이 필요합니다.

주변에 동료가 있다면 내 글의 피드백을 요청하는 것도 좋습니다. 글을 혼자 작성할 땐 모르고 지나친 부분을 잘 발견할 수 있어서입니다.

문자를 보낼 때도 어법에 맞게 작성하는 습관을 들이면 좋습니다. 너무 짧게 단어 중심으로 소통하지 않고 주어, 목적어, 서술어 등을 제대로 작성하는 것입니다.

매일 쓰진 못하더라도 일기를 써도 좋습니다. 하루 동안 있었던 사실을 쓰든 인상 깊은 상황과 그 때 느꼈던 감정을 쓰든 글 쓰는 과정에서 내 문장이 점점 더 정갈해지고 읽기 편해집니다.

Learning and Growth E book 시리즈 소개

MECE 워크북

MECE 워크북
국내선 이용 편

MECE 워크북
영화 관람 편

MECE 워크북
점심식사 편

비즈니스
워크북

트리즈
워크북 1
쪼개기 편

트리즈
워크북 2
추출 편

스캠퍼
워크북

형태분석법
워크북

저, 신입인
이거 물어
되나요

Ballpark
워크북

병원 산업
워크북

프로젝트
리더십

한 권으로
끝내는 OJT

워킹백우
워크북

Learning and Growth 홈페이지 소개

역량 UP 워크북, 임직원 기업교육은

Learning  Growth

교육컨텐츠 더보기

워크북 더보기

Learning and Growth가 궁금하신 분들은 홈페이지를 방문해주세요.

바른 문장 워크북

주어와 서술어 호응 편

초판 1쇄 발행 2022-09-10

저자명 | 러닝앤그로스

출판사 | (주)작가와

ISBN | 979-11-979246-4-4

출판일 | 2022-09-05

판매가 | 10,800 원